ジョン・コールマン

フリーメイソンのすべて

OMNIA VERITAS®

ジョン・コールマン

ジョン・コールマンは、イギリスの作家で、元秘密情報局のメンバーである。コールマンは、ローマクラブ、ジョルジオ・シーニ財団、フォーブス・グローバル2000、宗教間平和コロキアム、タヴィストック研究所、黒人の貴族など、新世界秩序のテーマに近い組織についてさまざまな分析を行っています。

FREEMASONRY
FROM A TO Z

Dr. John Coleman

フリーメイソンのすべて

Freemasonry from A to Z

オムニア・ヴェリタス・リミテッドが翻訳・発行しています。

© オムニアベリタス株式会社 - 2022

⌀MNIA VERITAS®

www.omnia-veritas.com

フリーメイソンはしばしば「秘密結社」と表現されるが、フリーメイソン自身は、ある側面が非公開であることから、「秘教的な結社」と言う方が正しいと考えている。最も一般的な定式は、21世紀のフリーメイソンは秘密結社ではなく、「秘密結社」になってしまったというものだ。現代のフリーメイソンの私的な側面は、会員間の認識様式と儀式の特定の要素である。例えば、フリーメイソンでは、初めて会う人に「あなたは広場ですか？".

アメリカのようなオープンな社会で、なぜ秘密が必要なのか、と思われるかもしれません。フリーメイソンを説明するのは難しい作業である。米国で300万人、英国で70万人、全世界で100万人以上の会員を持つ世界最大の友愛団体であり、5万冊の本やパンフレットが出版されていると言っても、ほんの序の口である。

1717年に公式に設立されて以来、フリーメイソンは世界のどの世俗的組織よりも多くの憎悪と敵意を生み出してきた。カトリック教会から執拗な攻撃を受け、モルモン教会、救世軍、メソジスト教会では男性の入会が禁止されている。多くの国で禁止されています。

反メーソン疑惑は、フリーメーソンが攻撃に応じないため、常に難航している。驚くべきは、イギリス国王ジョージ6世、プロイセン王フリードリヒ大王、ノルウェー王ハーコン7世など、過去から現在に至るまで、世界の指導者がフリーメイソンのメンバーであり、その数が非常に多いことである。アメリカの歴史には、ジョージ・ワシントン、アンドリュー・ジャクソン、ジェームズ・ポーク、セオドア・ルーズベルト、フランクリン・D・ルーズベルト、ハリー・トルーマン、ジェラルド・フォード、ロナルド・レーガンなど、メイソンだった指導者が数多く存在する。

第二次世界大戦は、ウィンストン・チャーチルやフランクリン

・D・ルーズベルトといったイギリスのメーソン指導者や、オマー・ブラッドリー、マーク・クラーク、ジョージ・マーシャルといったアメリカの軍事指導者によって導かれた。過去290年にわたる生活のあらゆる側面におけるメーソンの影響について、どこから始めればいいのか、あるいはどこで終わらせればいいのか、ほとんど分からないほどである。本書は、「メイソンリーとは何か」を比較的容易に説明できるような内容をまとめたものである。

第1章

何が フリーメーソンリー

フリーメイソンの研究は尽きることがなく、多くの学術書や論文が書かれ、発表されている。したがって、私はメイソンの王道や脇道を冒険し、儀式やシンボルの迷路に迷い込むつもりはない。これらのテーマはいずれにしても、メイソンの賛否によってかなりカバーされているからである。

この作品の目的は、メイソンリーとは何か、メイソンリーは何のために存在するのか、その目的と目標、そしてその目的に向かってどの程度進んでいるのかについて、より広い視野で見ていただくことにあります。このため、まず投機的メイソンリー、つまり生と死、人間の精神に関わるメイソンリーの部分を扱い、次に操作的メイソンリーについて簡単に説明しながら、それを司る人たちを扱うことにします。

儀式やセレモニーの詳細については、『*Royal Masonic Encyclopedia*』（通称『*Cyclopedia*』）などの参考文献を参考にさせていただきました。アルバート・パイクやマッキー博士をはじめとする、メイソンの偉大な支持者たちが自分たちの考えを説明した場所や

、メイソンの仇敵であるアベ・バルエル、ジョン・ロビンソン教授、エッカート、コパン＝アルバンクリ、アーサー・プレウスなど、メイソンから「無情なる敵」と呼ばれる学者たちが書いた本や雑誌から説明されているのです。(イエズス会が全く同じ表現を使っているのは不思議です）。

フリーメイソンの起源は、150年以上も前から議論されてきた。パイクによると

> "...フリーメイソンの起源は、メイソンにしかわからない。

パイクは、自分が当たり前になることを許します。この発言は、不用心な人を欺くためのものであり、手品師がどのように幻想を実現するかを知らずに手玉に取るようなもので、メイソンが行う欺きの典型といえるだろう。

しかし、フリーメーソンの起源は非常によく知られており、秘密でも謎でもない。しかし、大多数のメイソンは、4階級を超えられず、その教義に隷属する協会の起源を知らないことも確かである。

フリーメイソンとして認められ、メイソンの公式スポークスマンであるマッキー博士は、このことをあっさりと認めている。彼の主唱者であるJ.F.グールドは、その起源についてメイソン自身の間でも多くの意見の相違があることを確認している。それは、彼の著書『フリーメイソンの歴史』に見ることができる。現代の研究では、その起源はバビロニアやエジ

プトの神秘主義にあり、黒魔術と関連しているとされている。

ルシファー崇拝に特化した宗教カルトである。その主であるルシファーは神への反逆の象徴であり、何千年も続いている反逆であるにもかかわらず、反キリスト教的で革命的である。

世界は、フリーメイソンに関する知識を、その最も輝かしいメンバーの一人であり、フリーメイソンから亡命したジョン・ロビンソン教授に負っており、したがって、フリーメイソンが嘘つきや無知と呼ぶことができない人物である。ロビンソン教授は、スコットランドのエジンバラにある王立協会で教鞭をとっていた。テーマは「人間哲学」。ロビンソンは秘密結社に深く関わっていた。主なものは、アダム・ヴァイスハウプトのバイエルン・イルミナティ宗派である。

ロビンソンは、スコティッシュ・ライト・フリーメーソンの最高位である33度のフリーメーソンだった。

1796年、ロビンソンはイルミナティの目的をまとめた論文を発表し、イルミナティがメーソンと非常に近い存在であることを証明した。実はメーソンは、イルミナティの革命的教義をフランスから広めるために使われた手段だったのだ。

イルミナティとメーソンの目的は、すべての宗教と政府を破壊し、キリスト教を地球上から排除してル

シファー教団に置き換えることであることを、ロビンソンは疑いなく証明している。

フリーメーソンが約束した新世界秩序は、一元化された政府の中にある専制的なルシファー的世界秩序である。バイエルン政府は、革命の計画書一式を手に入れ、それをヨーロッパ中の政府や首脳に送ったが、その警告は完全に無視された。

ヴァイスハウプトの文書には、来るべきフランス革命の詳細がすべて記されていた。メーソンの信奉者であったシェルバーン伯は、ダントンとマラ（フランス革命の急進派指導者）を指導・育成し、イギリスから「フランス」革命のあらゆる局面を指揮した。

第2章

石組みの原点

バビロニア・グノーシス主義はフリーメイソンの母体であり、メイソンの五芒星の中央に「G」の文字が見えるのはそのためである。

メイソンの擁護者たちが猛烈に否定しているにもかかわらず、メイソンに関する重要な権威である、その最高の教団出身のエリファス・レヴィは、有名な「G」はグノーシス主義を表していると言ったのである。レヴィは著書『*高等魔術のドグマと儀式*』第II巻97ページでこう語っている。

> フリーメイソンが炎の星の中央に置く「G」は、古代カバラで最も神聖な言葉である「グノーシス主義」と「生成」を意味する。

*Encyclopaedia of Religions*によると、カバラとは古代ユダヤの神秘主義であり、ブラザー・エダーシャムはカバラに関する権威であるとされている。先ほども言ったように、細かいことは言いたくないのですが、「カバラとは何か」をごく簡単に確立しておく必要があります。

そのために、ブラザー・エダーシャムの権威ある言

葉を引用する。

> イエス・キリストの時代にも、多くの人々から注意
> 深く隠されていた教義や思索があったことは否定で
> きない。彼らは異端的な考えに引き込まれないよう
> に、（高等教義と普通のメイソンの場合のように）
> 普通の学者にさえ明かされなかったのである。

このジャンルは「カバラ」と呼ばれ、その言葉通り
、古くから受け継がれてきた精神的な遷移を、時代
の流れとともに不純物や異物が混じりながらも表現
したものであった。

これは、イエス・キリストが地上での宣教中に語っ
た言葉の記録である4つの福音書に記録されているよ
うに、最も強い言葉で完全に非難した古代人の伝統
と同じものである。

以上のことから、メーソンはキリストの聖職と全く
対立する宗教に由来していることが明らかである。
したがって、激しく否定しているにもかかわらず、
メイソンはその教えと精神において反キリスト教的
であるということになる。また、前述のようにメー
ソンに断固として反対する人たちは、さらにその先
を行く。メーソンリーの権威であるコパン・アルバ
ンチェリはこう言っている。

> フリーメーソンは反教会、反カトリック、異端の教
> 会である。

彼はその主張を裏付けるために、いくつかの著名な
メーソン資料を引用している。例えば、Copin-

Albancelli, *Bulletin du Grand Orient de France*, September 1885はこう述べている。

> 私たちメイソンは、カトリック教会の全面的な取り壊しを追求しなければなりません。

私は、ロンドンの大英博物館でメーソンの文書を探し、この声明やそれに続く他の声明が撤回されたかどうかを確認できる特権を得た。しかし、5年間にわたる徹底的な調査の結果、カトリック教会に対する破壊的な意図を撤回する内容を含むメイソンの出版物を発見することができなかった。

コパン＝アルバンチェリが挙げたもう一つの例は、グランドオリエント（ヨーロッパの石工）の最高評議会の覚書である。

> カトリシズムとメーソンの闘いは、休戦もクオーターもない死闘である。

この発言は一度も撤回されたことがない。

コパン＝アルバンチェリは、1902年の夏至の宴でのブラザー・デルペックのスピーチを引き合いに出して、他の例も挙げている。

> ガリレオの勝利は20世紀にもわたって続いた。ガリレオ神話（イエス・キリストのこと）を土台とするローマ・カトリック教会は、メーソン協会の設立以来、急速に衰退し始めたのですね。政治的な観点から見ると、フリーメイソンはしばしば多様であった。しかし、フリーメーソンは常にこの原則を堅持し

ている：すべての迷信に戦争、すべての狂信に戦争
だ！。

前述の情報は、その信憑性は疑う余地がなく、メイ
ソンとフリーメイソンを反キリスト、反キリスト教
徒とし、その教えをガリレオの神話と迷信として最
も否定的な態度で退けているのである。彼らの憎悪
と毒は、主にカトリック教会に向けられているが、
中には「カトリックはキリスト教徒ではない」と言
う人もいる。もしこれが本当なら、フリーメーソン
はその時間とエネルギーの99％を費やして、カトリ
ック教会を破壊しようとしていないはずだ、と私は
信じている。なぜフリーメイソンはこれほどまでに
貴重な時間とエネルギーを無駄にするのだろうか。
これらの事柄について、論理的に考えてみましょう
。

以上のことから、メーソン階層の位置づけに疑問の
余地はないだろう。また、メイソンが政治的に関与
していることは、その頻繁な抗議にもかかわらず、
明らかにされている。以上の記述から導き出される
結論をまとめると、一つの判断に行き着くしかない
。メイソンは本質的に、偽りの、欺瞞的な、誤解を
招く秘密結社であり、そのメンバーのほとんどは、
宴会、社交界、善行、親善、博愛の親睦の潮流に流
されて入ってしまう。メイソンの不吉な性格は、大
勢の会員、つまり青学や第四学位以上の学位を持っ
ていない会員には、完全に隠されているのだ。

メイソンの上級研究者であり、メイソン自身もその
秘密の思索のオラクルに精通していると認めている

学識あるドム・ブノワによれば、メイソンは悪魔の
カルトである。25 degree, (Knight of the Bronze Serpent)
の入会儀式について説明し、入会者は人間のエデン
の園への帰還のために働くことを誓う。マスターは
蛇を人間の友とし、一方、メイソンがアドナイまた
はアドナイと呼ぶ我らが神は人間の敵としてリスト
アップされている。

ベネディクトによると、20
degreeでは、ルシファー崇拝の推論がさらに積極的
に述べられており、司会者がイニシエイトにこう言
っている。

> ルシファーの聖なる名において、蒙昧主義を駆逐せ
> よ。

オブスキュランティズムは、4階級以上のメイソンが
、メイソンでない人、つまりその言葉や意味を知ら
ないはずの人に言われると、口から泡を吹くような
数少ないキーワードの一つである。

以前にも申し上げましたが、クリスチャンを公言し
ているメイソンの多くは、"一度これらの謎を知れば
、メイソンがルシファーの崇拝であり、キリストの
否定であることを疑う余地はない"と述べています。

ベネディクトは、メイソンリーに対して、もう一つ
、もっと厳しい非難をしており、次のように述べて
いる。

> メイソンがすべての宗教を尊重していると、これほ
> どまでに真剣に、そして絶えず主張してきたのに、

宗教への関心とカトリック教会への憎しみが、キリストが堕天使と言われている特定のメイソン学位にのみ存在すると考えるほど、誰が信用できるだろうか。ある大ロッジの紋章を見たことがあるが、それは短剣に貫かれた聖体像の入った聖杯、十字架を逆さにした世界、さらに「Cor Ex Secranrum」の標語を持つイエスの心臓である。

アルバート・パイクの『改革派選民のためのパラジウム・ルシフェリアン・ライツ』の講話で、ベネディクトは、入門者は「裏切り者イエス・キリストを罰し、聖体であることを確認した後、恐ろしい冒涜を唱えながら、聖体を刺し、アドナイを殺す」ように指示されると述べている。

パイクは1809年に生まれ、1891年に死亡した。彼の著書『モラルとドグマ』は、彼がサタンを崇拝し、新世界秩序を信じていることを裏付けている。彼は、民主主義の原則を持つ限定共和制以外の政治体制を軽んじていた。パイクによれば、政治的権力、富、健康、長寿は、ルシファーを崇拝することによって得られるものであった。

表紙には双頭の鷲が描かれているなど、同性愛を肯定する内容になっています。この本の中心テーマは、道徳と家族を破壊することであることは明らかである。この本は、文明の礎である聖書的道徳と家族を非難しています。

さて、「私たちはずっとメイソンをやっているが、こんな儀式は見たことがない」と言う人が、シニアメイソンにもいることは知っている。もちろん、そ

んなことはありません。これはメーソンの標準的な
手順であり、選ばれた者だけがこの儀式に参加する
ことができる。25
度を過ぎていなければ、これらの下劣な反キリスト
の儀式に気づいていないのだ!警告しておくが、ベネ
ディクトの主張をメイソン階層に認めさせようとす
れば、メイソンとしての日数が短くなることを意味
する。以後、あなたはマークされ、信用されない存
在となるのです。

ブラザー・ストローザーの言葉を引用すると、彼も
また権威として認められているが、メイソンの内部
評議会の一員であったために、メイソンから異議を
唱えられることはなかった。

> メイソンはフランス、スペイン、ポルトガル、南米
> に反宗教組織として存在し、近年は顕教への憎悪を
> 隠さない一種の反宗教的宗派に変質している。

ストローザーは、米国ケンタッキー州ルイビルの高
位メーソンであるエレクトのメンバーであった。私
は何人かのハイメイソンに、ストローターの言葉に
ついてコメントを求めた。彼らは例外なく、ストロ
ーザー氏の素性を知らないことを公言し、あるいは
そのような発言はしていないと否定した。ノースカ
ロライナ州警察の大佐で、特に憤慨していたフリー
メイソンの一人は、「この種の論評は、反メーソン
の病んだ心の産物だ」と言った。

しかし、私が自分のメーソンの言葉を突きつけると
、「メーソンから離れた方がいい」と警告された。1

866年、ベルギーのブリュッセルで開かれたグランド・オリエント・メイソンの国際会議で、悪名高いポール・ラファルグ（1842〜1911）が語った言葉が、彼を動揺させたのである。

　　神との戦い!神への憎しみ!進歩するためには、一枚の紙のように天を砕かなければならない。

同じ会議で、レーンズマンという著名なフリーメイソンが、1880年に使われた言葉を繰り返した、すなわち

　　下劣なものは砕かねばならないが、この下劣なものは聖職者主義ではなく、神である。

第3章

史敵 メーソンリー

私は、これらの抜粋が正確であることを確認するために、抜粋元の文書を鋭意調査しました。さらに、ロンドンの大英博物館にあるメイソンの記録を丹念に調べ、上級メイソンによるこれらの冒涜の撤回や否認を探したが、これらの言葉がメイソンリー全般の信条でないことや、削除されたことを示す証拠は何も得られなかった。

メイソンの反キリスト性など、これまで述べてきたことをすべて確認したのが、その大祭司であり、新パラジウム改革派の共同創設者でアメリカ・メイソンの最高教皇でもあるアルバート・パイクであった。アルバート・パイクとエドガー・アレン・ポーは、多くの共通点があった。二人とも1809年にボストンで生まれている。二人とも作家であり詩人であり、アヘン中毒者であり、また33 degree MasonsとLuciferiansであった。

*カトリック百科事典*には、アルバート・パイクともう一人の重要な高位フリーメイソン、アドリアーノ・レンミが、イタリアでキリスト教の宗教を害するために共謀したと書かれている。パイクはレミに次のような手紙を出した。

> イタリアにおける聖職者の影響力は短期間で破滅させなければならず、そこでは宗教的な集会を禁じる法律を守らなければならないのです。そして（学校は）どうなんでしょう？そこでは今でもカトリックの教育が行われています。国民にロッジを通じて抗議させる。

つまり、メソニックロッジを使って、カトリック学校に対する「抗議行動」を起こすのです。

ジョン・ロビンソン教授は、アッベ・バリュエルが発表したメーソンの解説を、何年もかけて丹念に研究している。

ロビンソンはこう語る。

> バルエルは、彼が正しくフィロソフィストと呼ぶイルミナティと、フランスにおけるフリーメーソンの悪行について、私が述べたことをすべて認めている。

プロイセン王フリードリヒ2世の援助を受けて、ヴォルテール、ダランベール、ディドロが宗教に対する公式で体系的な陰謀を形成し、熱心に追求したことは疑いようもない事実であり、彼らの原則と進め方はドイツの無神論者や無政府主義者のそれと同じであったと私は見ている．しかし、彼らの目論見は、キリスト教とあらゆる宗教を破壊し、政府の総入れ替えを実現することであった。

ロビンソン氏は、アベ・バリュエルが最も正確で議論の余地のない方法で明らかにした、フランス革命

においてメイソンが果たした間違いなく重要な役割について論じていたのだ。もし、懐疑的な人たちがこれで満足しないのであれば、メーソンの最も重要な「パスワード」に目を向けさせましょう。そのうちの一つは、マタイ23章でキリストが預言者殺しとして非難したカインに基づくものである。Tubal Cainというパスワードは、カインのことを非常に明確に表しています。もうひとつの「秘密の言葉」は、ナザレのイエスを表現したINRI、"Igne Natura Renovatur Integra"、「すべての自然は火によって更新される」である。入門者はこの意味を「発見」することになっているが、これはメイソンの行う儀式の幼稚性を見抜くことになる。

そして、ロッジのマスターが述べる。

> 親愛なる兄弟たちよ、キリスト教を完成させた彼の死が、普通のユダヤ人であり、その罪のために十字架にかけられたという言葉が見つかり、その場にいる全員がその発見に拍手を送っているのです。候補者がエホバの教皇の兄弟愛を討たなければならないのは、福音と人の子の上である。

この引用は、薔薇十字団の18度（　）を扱ったアベ・バリュエルの著作から引用されています。薔薇十字団はメイソンであり、イギリスのメイソンを創設した。しかし、イギリスのメイソンの大多数は、第4階級を超えたことがなく、上記の存在を激しく否定していると言ってよいだろう。実際、イギリスのメイソンの多くは、自分は敬虔なクリスチャンであり、キリストやその教会を冒涜するようなことには決し

て参加しないと宣言している。メイソンリーとは、大多数の会員にとって、一階級と四階級の繰り返しに過ぎないのである。この段階で諦めて、それ以上進もうとしない人が多いのは当然です。メーソンの権威で、非常に親日的なマッキー博士によると

... 以上が解説で、高次が解説です。

もしメイソンがそんなに悪いのなら、どうして多くの英国国教会や一部のローマ教皇がメイソンだったのか、と言う人がいます。聖公会の何千人もの指導者がメイソンである可能性があることには同意するが、彼らはクリスチャンではなく、ルシファーの秘密のエージェントであり、教会を破壊することを目的とした教会のスリーパーである。少なくとも3人の教皇がフリーメイソンであった可能性が強く疑われるが、それを証明することは不可能であるのに、「一部の教皇はフリーメイソンだった」と言えるのだろうか。疑惑は証拠にはならない。ドイツのメイソンの間で、教皇ピウス11世がメイソンであるというデマが流れ、瞬く間にフィラデルフィアにまで伝わった。反メーソン主義の権威であるエカート氏は、「これは、アメリカよりもヨーロッパで宣伝しやすい主張の追跡調査を避けるために行われたものだ」と教えてくれた。それでも、この主張は、教皇ピオ11世の生涯について幅広く執筆したジョン・ギルマリー・シェアによって慎重に調査された。

シアの調査は、ピウス11世が決してフィラデルフィアのロッジのメンバーではなかったことを証明した。実は、このようなロッジは、フィラデルフィアに

は存在しなかったのです。この陰謀は、教皇ピウス11世とカトリック教会を中傷するためのものに過ぎないと、同じくメーソン真相研究家として有名なプロイスは断言している。

よく聞かれる質問「メーソンリーとは何か？"私は、偉大なメイソン学者であり歴史家であるアッベ・バリュエルの言葉を引用するより他にない…それは最も下劣な種類の悪意ある悪であり、最高教皇アルベルト・パイクもその意見を認めている "と。

> ブルーディグリーとは、神殿のポータルの外側の扉にほかならない。受け取ったシンボルの中には同じものもあるが、熟練者は意図的に誤った解釈をしている。

> 理解することではなく、理解したつもりになることを意図しているのです。その真の解釈は、メーソンの王子であるイニシエイトにのみ委ねられている。

この言葉は、大英博物館の神殿に保存されているパイクに関する文書の中に出てくるが、もしその間に削除されていなければ、多くの文書が最終的にメイソンの調査者の参考資料となるときに削除されているのだ。自分のメンバーを故意に騙そうとする社会には、何か「悪意ある」問題があるに違いない。すでに引用したメーソン史家のコパン＝アルバンチェリは、メーソンはオカルティストによって指示され、キリスト教の宗教に対する打撃力として利用されるものだと述べている。

第4章

教皇回勅ミラリヴォス

この回勅で、教皇グレゴリウスは、メイソンが:

> ...異端と最も犯罪的な宗派の中で最も冒涜的で、最も冒涜的で、最も恥ずべきすべてのものは、普遍的な下水道のようにメイソン秘密結社の中に集まっている。

カトリックはキリスト教徒ではない」と言われると戸惑うのも無理はない。プロテスタントの指導者が、カトリック教会のようにメイソンリーに対して強く発言したことがあると書いてあるところを教えてください。今日まで見つかっていません。

このことは、ウラジーミル・レーニンがフリーメイソンであったことを説明するのに役立つかもしれない。レーニンはスイスの秘密ロッジに所属し、本名ウリアノフ・ツェーデルバウムとして、キリスト教国ロシアの打倒を目指したが、円卓メイソン、パーマストン卿、ミルナー卿、33 degreeの多数の英国メイソンの大規模な支援によって成功したと、プロイスは語っている。それなのに、スイス政府はこの大魔神を「知識人」と呼んだ。フリーメーソンの本拠地がスイスであることを考え

れば、納得がいく。兄弟団」は、レーニンのケースで、フリーメイソンが、特に正統派ロシアのようにキリスト教の破壊を目的とする事業において、団結することを示した。

もちろん、イギリスのフリーメイソンがロシアからの略奪で何十億ドルも儲けたという事実は、おまけのようなものだった。ツァーリ政権を倒し、6千万人とも言われるキリスト教徒を大虐殺し、スペイン内戦（1936年7月〜1939年6月）のモデルとなったことが、本当の満足感であったのだ。1939年6月といえば、神と国のために共産主義的なメイソンのルシファー勢力を粉砕したフランコがマドリードの街を凱旋行進した月だからである。

私がまだ言及していない著名な権威として、パラジウムの儀式に入門し、「メイソンの王子」となったマルジオッタがいる。マルジオッタは、パイクがメイソンの神をルシファーと呼ぶことを要求し、メイソンの神をサタンと呼ぶことを望んだ彼の兄弟メイソン、アドリアーノ・レミの希望に大きく背いたと述べている。

アルバート・マッキーは、メイソンは新しい普遍的な宗教を確立するためにここにいると述べている。出版された『A Cause』には、メイソンはあらゆる国の法律や権威を無視しなければならないと書かれており、まさに神の法律や権威に反逆したルシファーの反骨革命的な性質と一致している。したがって、メイソンはその告白からして、革命的な力であり、その主人ルシフ

ァーが宇宙の既存の秩序を覆そうとしたように、地球上の既存の秩序を覆す目的で存在していると言えるのですメイソンは準軍事的な秩序であることは、その階級とシンボルが軍事的なものであることからも十分に確認できる。

エッカートもブノワも、メイソンの真の権威である最高司令部は完全にオカルト的なものであると主張している。そのため、隠された最高司令部は大量のシンボルと儀式の背後に隠れており、教団の最高位に到達するまで発見されてはならないのである。この秘密指導者の正体（改名まで）は、ロシアのボルシェビキと同じように、一般の会員には見えないように工夫されている（ボルシェビキの改名もここからか）。

スコティッシュ・ライト・フリーメーソンの19degreeには、こう書かれている。

> イエス・キリストの十字架に戦争を仕掛ける。火と肉のルシファー教団を採用する。

これらの下劣な言葉は、ベネディクトの『フリーメイソン』で提示された証拠の一部であり、メイソンの真の目的を知ろうとする人々にとって、メイソンに関する最も注目すべき説明である。

3つの言葉が33人の degree masons を激怒させる。

> カトリシズム、オブスキュランティズム、クラリカリズム。

二番目の言葉は、彼らがキリストの教えを表現する
のに好んで使うメーソンの言葉に過ぎない。

メイソン以外の人が使うと、明らかに二重の意味で
怒りを買うに違いない。メイソン以外の人はこのよ
うな言葉を無視することになっているし、メイソン
は暴露されるのを嫌うからだ。メイソンは、貧しい
人々や政治的権力を得る見込みのない人々を意図的
に排除し、下級会員を意図的に欺くので、偽りの兄
弟愛である。

第5章

エーカートからの適切な質問

エッカートは、このように適切な質問を投げかける
。

> なぜ教団は、政治的・経済的価値のない貧しい人々
> を排除するのか？商業的、政治的に成功した人しか
> 入会させないというのは、メイソンリー自体も否定
> していない周知の事実である。実は、新参者を兄弟
> 会社に迎え入れるときの原動力はお金なのです。

このようなあからさまな偽善は、地域のメーソン寺
院の懇親会に招待されたすべての人への警告となる
はずだ。これは、教団が金銭的な利益を得られると
考える人たちが勧誘を行う通常の方法です。メイソ
ンが「Are you in the
Square」と尋ねるのは、「あなたはメイソンですか
」という意味です。".質問者は、秘密の握手から、
彼が接触した人物がメイソンではなく、自分のロッ
ジの会員になる可能性が高いと思われる人物である
ことを完全に知っているのだ！質問者は、自分のロ
ッジの会員になる可能性がある人物である。

学位や儀式については、何百もの儀式があり、その
多くが幼児的なものであるため、独自の本が必要で

ある。

これらの儀式だけに特化した良書がたくさんあり、読むのが面倒です。メーソン聖書、*フリーメーソン百科事典*、さらに最近の著作であるW.L.ウィルムハースト著「*メーソンの意味*」によると、主な儀式は次のとおりである。

❖　　エンスージアスト・アクセプタイド・スコティッシュ・ライト
❖　　ヘロディアンの儀式
❖　　エンシェント・スコティッシュ・リフォームド・ライト
❖　　大オリエント律
❖　　スコティッシュ・フィロソフィカル・ライト（スイスで広く使われている）
❖　　エレクトリックライト（ドイツで広く使われている。）
❖　　ミズライム式（古代エジプト式）
❖　　ジョアナイトの儀式

興味深いのは、ユニバーサル・メーソンの本部がスイスのジュネーブにあり、インターナショナル・メーソン協会という名称になっていることである。スイスは歴史的に見ても、常に革命家の避難所であった。

ローザンヌには2つ目の「支社」があり、特に秘密にしている。アスコナはグノーシス的悪魔主義、メイソンリー、共産主義の本拠地である。メイソンは革命家であり、既存のあらゆる政府に対して反抗的で

あることを教えられてきた。スイスのメイソンも、このメイソンの命令の例外ではない。

ブノワは、メーソンの儀式についてこう語る。

　　...長くて、退屈で、過度に幼稚なものです。

彼らの幼稚なナンセンスが「部外者」にばれないように、ロッジのミーティングが始まる前に、「カバー」をかける。これはメイソンの用語で、部外者や侵入者がいないことを確認し、議事の様子を観察し報告するために使われるものである。

EckertとCopinは、これらの行為をさまざまに表現し、「信じられないようなばか騒ぎ」という言葉を使っている。部外者にはわからない秘密のパスワードや、殺されたソロモンの神殿を建てたとされるハイラム（タイアの王、ハイラム・アビフ）に関わるこうしたおふざけの目的は、メイソンが宴会や貧しい人々のための募金、そして一般的に地域社会に良いことをすることに専念する慈善団体であると、世俗の権威者を欺くことだとコパンは言うのですコパンによれば、マスターが入ることのない中部屋の儀式では、メンバーは「スクールボーイのように」歩き、カウンタマーチをしなければならないという。

エッカートは続ける。

　　...私たちはこの儀式を、冗談というにはあまりにも深刻で、本気というにはあまりにも奇想天外な、演劇的なプレゼンテーションと見ています。

とはいえ、それは深刻なことです。その目的は、すぐにその先に進む気のないメンバー、儀式に隷属するメンバーを淘汰することにある。もちろん、ハイラムは中心的な存在です。彼らにとって、登らなければならない梯子は、さらなる愚行へと導くものではなく、メーソンリーにおいてより高く、より信頼に足る地位へと導くものなのです。マニアが憧れるようなタイトルもあって面白いですね。

- ❖　　5度。パーフェクトマスター
- ❖　　11
度：アメス王子12人の崇高な選ばれし者たち
- ❖　　16度：エルサレムの王子様
- ❖　　19ディグリー：ザ・グレート・ポンティフ
- ❖　　28
ディグリー：太陽の騎士またはプリンス・アデプト
- ❖　　31
ディグリー：大監察官インクイジターコマンダー
- ❖　　32
ディグリー：ロイヤルシークレットの崇高なるプリンス
- ❖　　33
ディグリー：ユニバーサル・メイソンの最高神官

特にヘロディアンの儀式に興味があります。ヘロデ王のような人殺しを崇拝したいと思う人がいるのでしょうか。ヘロデ王は、マジがキリスト誕生の驚くべき知らせをもたらしたとき、何千人もの生まれたばかりの赤ん坊を殺しました。ヘロデがキリストの子を殺害しようとしたことと、メイソンが反キリスト教団であることくらいしか思いつきませんね。

しかし、メイソンの王子たち、つまり33
degreeに到達した者たちにこそ、メイソンの真の姿
が明らかにされるのです。そんなプリンス、アドリ
アーノ・レンミは、マルジョッタへの手紙の中で、
家族や教会に対する憎しみを爆発させ、それを露わ
にしたのである。

> そうだ、そうだ、地獄の王の標準は行進中だ...そし
> て今日、これまで以上に精力的に、そして公然と、
> 聖職者の反動のあらゆる装置に対して戦わなければ
> ならないのだ。

メイソンの子供じみた遊びをそつなくこなし、儀式
の命令をすべて欠かさずに守る者は「ブライトメイ
ソン」と呼ばれ、これはメイソンが楽しむ多くの祝
宴や宴会のためだけに生きる、いわゆる「ナイフア
ンドフォークメイソン」の2段階上のものであり、一
方、上位の学位を得る資格がない者は「ラスティメ
イソン」と呼ばれている。ベネディクトは、後者を
「オウムのメイソン」とも呼ぶという。教訓は知っ
ていても、その意味は知らないからだ。このことは
、すべての人は平等であり、「自由、平等、友愛」
がメイソンの土台であるというメイソンの主張を裏
切るものであり、ロッジにはまったく平等がない。

パイクは、ルシファー崇拝は最終段階に達した者だ
けが知っていると書いている。ジンバブエの裏切り
者であるクリストファー・ソームズ卿もそうだし、
元NATO事務総長のキャリントン卿もそうである。(
米国議会には、ソームズ卿やキャリントン卿と同じ
考えを持つ人がたくさんいる)。すぐに思い浮かぶ

のは、トレント・ロット上院議員（33 degree Mason）である。コパンもブノワもエッカートも、先ほど説明した「INRI」というパスワードが反キリスト教の言葉であることを思い知らされるのです。ロット上院議員や彼のようなキリスト教を公言する人々は、このことをどのように良心と調和させることができるのだろうかと思う。

ルシファー教団とは？パイクのパラジウム儀式を理解するためには、この点を明確にする必要があります。また、英国国教会の多くの階層メンバーやヨーロッパの貴族たち、そして言うまでもなくアメリカ東海岸のリベラルなエスタブリッシュメントや多くの国会議員のように、キリスト教徒を公言しながら、メイソンの王子たちが実際に従っていることを理解する必要があります。アルバート・パイクが説明するように、ルシファー教団は、ルシファーが神の右手に置かれた3人の天使の中で最も明るく、優れた知性と能力を持つ超存在であると教える信条である。その力は、神に逆らい、宇宙を支配するほど大きなものでした。

その後、神の戦士である聖ミカエル（フリーメイソンはルシファーの弟と考えている）との壮絶な戦いがあり、ルシファーを倒し、神の前から追い出したのであった。

イエス・キリストは福音書の中でそれに言及している。ルシファーは地獄に追放されたが、そこは宇宙に実在する場所として描写されている。ルシファーは、彼と一緒に亡命する覚悟で、天界のヒエラルキ

一の主要な天使たちをたくさん連れて行った。ルシファーの信条によれば、神はこの天使たちが欺瞞に満ちた主人ルシファーに欺かれたと考え、もう一度悔い改める機会を与えたという。

そのために神はこの地球を創られ、欺かれても表立って反抗しなかった天使たちには、神に似せて体を与え、地球に住まわせるようにされたのです。これらの存在は、神の息吹と霊と光に満たされ、神によって聖別されたものである。天界での前世を知らないことを除けば、普通の人と変わりはない。しかし、彼らはその計画を支えるために、彼の言葉からインスピレーションを受け、自由意志を保持した。彼らの頭脳は、インスピレーションがどこから来るのかを判断し、それを身体的な行為に変換するために使われていたのだ。これらの行為は、黙示録に登場する「いのちの書」と呼ばれる書物に記録される。

ルシファーの計画を受け入れるか、神の宇宙支配の計画を受け入れるか。これは、キリスト教の聖書の教えに近いとも言えるが、そうとも言い切れない。

突然、ルシファーが連れてきたサタンが、世界の創造時のプリンス（プリンスという言葉はメイソンも使うので注意）として登場する。サタンの仕事は、最初の両親が神から離れ、ルシファーと一緒になるように仕向け、計画を台無しにすることであった。

神はエデンの園を長男と歩いたが、セックスの快楽を教えなかった。嫉妬深く利己的な神だからだ、とパイクは言う。パラジウム儀礼の下級教区が教えて

いるように、この喜びは神のものであり、子供たち
が従順さと誠実さと絶対的な正直さを証明するまで
は共有されないため、神はこれを行った。そうして
初めて、ご褒美として与えられるのです。

そして、サタンは自分の手で、ルシファーの命令で
、イブにセックスの快楽を教え込んだという。サタ
ンはエバに、自分はアダムと同じように神と同等の
力を持ち、決して死を経験することはないと告げた
。サタンはエバに「肉欲の知識」と呼ばれるものを
教えましたが、この言葉は完全に誤解を招くもので
す。

このように、地上に神の王国を築きたいという霊的
な願望に基づいて、子供を生むために男女の結婚と
いう制約の中でセックスするという神の計画に対し
て、自由恋愛とフリーセックスのルシファー的理想
が導入されたのである。

パイクの黒ミサの説明では、イブが堕落し、セック
スが肉体的・精神的な愛の個人的・私的行為ではな
く、万人に開かれたセックスの公然陳列となり、そ
れが今日の魔術の本質であることが示されている。
サタンは、イエス・キリストによって打ち負かされ
るまでは、一時的にせよ、戦いに勝利していると言
ってよいでしょう。それゆえ、フリーメイソンが公
言するキリストへの絶え間ない憎悪があるのだ!

第6章

メゾンの聖書使用について

Preussと*Catholic Encyclopedia*は、メイソンの神殿で聖書と十字架が使用されていることを確認している。メイソンがルシフェルのカルトであるという主張には、多くの下級メイソンが異を唱えてきた。聖書や十字架を飾っているのだから、こんなことはないだろう」と言われます。".これは、メーソンの欺瞞の計画の一部である。聖書は高次元で嘲笑されるためだけに存在し、十字架も同様で、実際に足下に踏みつけられ、それに対して最も下劣な冒涜が発せられるのです。

エッカートは、十字架と聖書を、重要性の低い他の宗教的な「本」のレベルにまで落とすために、暴露していることを確認する。スコティッシュ・ライトの30度（　）では、イニシエートは十字架を踏みつけなければならず、ナイト・カドシュは彼に「この迷信の像を踏みつけろ！」と言うのである。砕けろ!"
イニシエイト
"がそうしなければ、拍手喝采を受けるが、30度の秘密は伝授されないのである。十字架を踏みつけると、カドッシュ騎士団に迎えられ、教皇、迷信、王を表す3つの像に復讐を実行するよう指示されます。

この生々しい描写は、有名なブノワ・オーソリティがその記念碑的著作『フリーメイソン』の中で述べているものである。フリーメイソンは、ルシファーが宇宙を支配しようとする大義を推進することを望んでいる。ルシファーの信条で認められている奔放な性欲は、地上にルシファーの王国を築くための仕事の妨げになる可能性が十分にあると考え、男性化するまでに至ったメイソンもいます。ハンガリーの元指導者ヤーノシュ・カーダーは、このために自ら去勢した。カトリック教会はこのような極端なことはしませんが、人類とキリストへの奉仕に性的な圧力がかからないように、司祭と修道女には独身を要求しています。パイクは最高教皇でありながら、1889年にマルジオッタが「世界メイソンリー23評議会の最高評議会」と呼ぶところから、一連の「指示」を受けています。

ロンドンの大英博物館に所蔵されているテキストのいくつかの翻訳によると、その指示は次のようなものである。

君主監察官、我々はこれを言う、そうすれば君は32、31　　　　　　　　　　　　　　　、30 Degreesの兄弟たちに繰り返すことができるだろう。メイソンの宗教は、私たち高位のイニシエイトのすべてによって、ルシフェルの教義の純粋さの中で維持されるべきである。もしルシファーが神でなかったとしたら、その行いが人間に対する残酷さと憎悪、科学に対する野蛮さと反発を証明するアドナイは、アドナイと神官たちが彼を中傷するだろうか。そう、ルシファーは神であり、残念ながらアドナイも神なのだ。なぜなら、永遠の法則は、影のない光

はないということだからです…したがって、悪魔教の教義は異端であり、純粋で真の哲学的宗教は、アドナイと同等のルシファーへの信仰ですが、光の神、善の神であるルシファーが人類のために、闇と悪の神アドナイに対抗して戦うというのです。

これがメーソンの真の宗教である。

上記のようなメーソン宗教の目的と目標は、地上の神の王国を転覆させるために計画された革命につながるものです。キリスト教国ロシアの打倒は、反キリスト教勢力にとって大勝利であった。スペインのフランコ将軍による彼らの敗北は、メイソンリーも敗北した破滅的な打撃であり、フランコは決してそれを許すことはできないだろう。中絶、学校での祈りの強制放棄、イースター、聖霊降臨祭、クリスマスを国民の祝日として正しく祝うことの禁止と同様に、アメリカの政教分離に対するメーソンの計画は、アメリカを引き裂こうとしているのだ。(イースターエッグやファーザー・クリスマスなどの異教徒のようなものではありません）。

これらは、この教義が認識したことのほんの一例に過ぎません。メーソンの圧力は強力な圧力です忘れてはならないのは、あるいは知らなかった人もいるだろうが、フランスのフリーメイソンは、ボルシェビキ革命の暴力と流血に抗議して、世界中で国交を断絶していたボルシェビキ政府との関係を再び築くよう呼びかけたのである。メーソン大統領ウッドロー・ウィルソンは、議会からの強い抗議にもかかわらず、ボルシェビキ政権を最初に承認した。メイス

ンのパワーは感動的です

エッカート：

> フリーメイソンは第一次世界大戦を組織した。彼ら
> は世界で最も凶暴な反乱軍であり、暗殺の使徒であ
> ることを認めている。

一般に歴史家の間では、第一次世界大戦でヨーロッ
パに火をつけた火種とされているサラエボでのオー
ストリア大公フェルディナント暗殺事件は、メーソ
ン事件であったとされている。エッカート以外にも
、多くの権威者がこの言葉に同意している。儀式の
説明と教団のメンバーの世俗的な歴史と告白から、
フリーメーソンは祭壇、政府、財産権に対する陰謀
であり、その政治的・宗教的政府はエルサレムに座
を置く神権社会王国を地球の全面に確立することを
目的としていると、正しく結論付けることができま
す。この実現のための不可欠な条件は、カトリック
教会、各国政府、私有財産という3つの障害を破壊す
ることである。

中間の反論はほとんどなくなりました。メイソンが
歓迎されないまでも、少なくとも支障なく容認され
ている政府はほとんどないだろう。私はしばしば、
このような癌が、その活動を抑制するためのあらゆ
る努力を克服することを許している政府とは何なの
だろうかと考える。政府は、メーソンの裏切りの例
でいっぱいの歴史に目をつぶることはできない。で
は、なぜこの極悪非道な秘密結社、ルシファー教が
キリスト教国の中に存在することが許されているの

でしょうか？なぜ、どんな秘密結社でも存在が許されるのか？私よりも詳しい方に、この疑問を解決していただきたいのです。

これは、すべての西洋諸国の政府が、私たちが300人委員会の本で紹介したような寄生虫のような秘密政府によって、その外交問題評議会（¹）を通じて完全にコントロールされており、その活動のすべての面において、絶対にルシファー的であるという事実に起因していると思われます。さらに、キリスト教以外の強力な宗教が多数存在し、実際、反キリスト教的な活動を主導している宗教もある。

フリーメーソンは、キリストの破壊を彼らの宗教的目的の本質的な目標とみなしており、それはもちろん彼らの政治的願望と完全に相関している。アメリカは「宗教の自由」のために代償を払わなければならない。その代償とは、現在の形で我々が知っているこの偉大なアメリカ共和国を完全に破壊することである可能性が最も高い。泥棒にドアを開けたら、家に侵入されると思った方がいい！？

メイソンの「すべての宗教の平等」という嘘は、何度もチャラチャラした、まやかしの嘘であることが暴露されているが、何度も言うようだが、メイソンには宗教の自由はない。ルシフェール以外のカルトは許されず、それ以外のカルトはすべて否定される。特にキリスト教は、フリーメイソンがよく言うように、この世のすべての世俗的な政府を乗っ取った

¹ 有名なCFR、NDTです。

とき、それに対して極めて獰猛な攻撃が行われることが予想されるのである。

当然ながら、メーソンはその意図を全都市の屋根から放送しているわけではない。実際、先に述べたように、会員の大半はこれらの真実に全く気付いていないのである。

再び最高教皇アルバート・パイクの言葉を引用します。

> メイソンは、すべての宗教、神秘、密教、錬金術と同様に、イニシエイト、賢者または選民以外のすべての人にその秘密を隠し、その象徴の誤った説明と解釈を使って、騙されるに値する人々を騙し、光と呼ばれる真理を彼らから隠し、彼らから切り離そうとするのです。

この極めて率直な発言は、多くのメイソンがその真偽を争っているが、メイソンの権威の一人であるプレウスが検証し、ロンドンの大英博物館にあるパイクの論文に収められている。この言葉の信憑性については、全く疑う余地はない。

第7章

えいこくみん 欺瞞の

英国は、この世界に多くの偉大な欺瞞者を提供してきた。そのうちのひとつが思い浮かびます。ロスチャイルド家にほとんど無一文で引き取られるまでは、あまり出世していなかったが、その偉大な首相の一人であるベンジャミン・ディズレーリ。しかし、これは私が著書『ロスチャイルド王朝』で語った話であり、ごく一部の人にしか明かされていない話である。ディズレーリは、フリーメイソンの権威として認められているが、フランス革命が終わってだいぶ経ってから、次のように発言している。

> ルイ＝フィリップの王位を倒したのは、議会でも、民衆でも、出来事の流れでもなかった...王位は、常にヨーロッパを荒廃させようとする秘密結社によって驚かされた。

しかし、この言葉は、1852年にディズレーリが語ったときと同じように、今日もなお重要である。

間違いなく、フランスとロシアを襲った勢力が、米国を襲おうとしているのだ。南アフリカがどのように新世界秩序に裏切られ、売り渡されたのか、注意を払わないのだろうか。もし私たちが注意深くなけ

れば、アメリカ人の目を覚まさない限り、おそらく私たち全員に降りかかる運命に値するのですなぜなら、アメリカの秘密の歴史を研究すると、この国の問題にフリーメイソンが致命的で邪悪な影響を及ぼしていることが明らかになるからである。リンカーン大統領もガーフィールド大統領も、フリーメイソンに暗殺された。これらの暗殺がフリーメイソンによって準備され、計画されたことを示す多くの疑いない資料があり、それはそれだけにとどまらなかった。レーガン大統領は、ジョン・ヒンクレーの手により、辛うじて死を免れた。

スコティッシュ・ライト・フリーメーソンは、メーソンの権力にとって厄介な存在となった政治家の暗殺計画を数多く立案してきた。ヒンクリーが最初に相談した精神科医は、フリーメイソンだった。ヒンクリーは暗殺を実行するようにプログラムされていたが、失敗した。要するに、ヒンクレーはサーハン・シルハンと同じように洗脳されていたのである。以前の出版物で報告したように、後に彼の裁判で証言したヒンクリーの精神科医は、フリーメーソンのスコットランド式から多額の「助成金」を受け取っていた。これ以上言うことはないでしょう。

フリーメイソンが慈善団体で、善を行うことに専念しているとまだ考えている人たちに、厳しい批判をしたコパン＝アルバンクリや、メイソンの寵児であるルイ・ブランがフリーメイソンについて述べたことを読んでみることをお勧めしたい。ブランは一瞬のうちに、メーソンの欺瞞を皆の前にさらけ出した。

通常のメイソンの3つの学位が、社会的転覆の地位と原則のために、多数の反対する人間をグループ化したように、革新者たちは、神秘的な梯子を登るための多くのステップとして学位を増やし、その高位は、革命的教育の進展、信仰の不変性、心の神殿を証明するための長い一連のテスト（の後でのみ入門者に門が開かれる）の暗い聖域と制定したのだ。

ブランは、フリーメイソンが世界で最も強力な革命的勢力の一つであり、その創設以来そうであったという、否定しがたい事実を提供してくれたのです。もう一度、上記の主張を裏付けるのに必要な証拠を発見するのを手伝ってくれたフリーメイソンの広報担当者に感謝しなければならない。

フリーメイソンが大きな宴会を開くたびに、彼らのうちの誰かが放心状態になり、真実が明らかになることに私は気づいていた。1902年に開かれた非常に大規模で重要な宴会でのフリーメイソン、ジャック・デルペッシュの発言を見てください。

> ガリレオの勝利は20世紀も続いたが、彼は順番に死んでいく。かつてエピルスの山でパンの死を告げた不思議な声は、今度は、信じる者に正義と平和の時代を約束した欺瞞に満ちた神の死を告げるのである。インド、ギリシャ、エジプト、そしてローマの神々に加わり、多くの欺かれた人々がその祭壇の足元に身を投じているのだ。フリーメイソンは、嬉しいことに、この偽預言者たちの破滅とは無縁である。

ガリレオ神話を土台としたローマ教会は、メーソン協会が設立されたその日から急速に衰退し始めた…

この政治的観点から、フリーメイソンはしばしば変化してきたが、昔からフリーメイソンは、すべての迷信に対する戦争、すべての狂信に対する戦争という原則を堅持してきたのである。

この文の原本は、ロンドンの大英博物館で見ることができる。本書の冒頭で、この発言の一部を引用したが、よく考えてみると、この発言はフリーメイソンの幹部が発した最も明瞭な言葉であると考え、その全文を掲載することにした。

おそらくあまり知られていないのは、アメリカ南北戦争として知られる「国家間戦争」でフリーメーソンが果たした役割である。この問題の権威の一人は著者のブランチャードで、彼の著書『スコティッシュ・ライト・メイソン』第2巻484ページの中で、この悲劇的な争いについてこう述べている。

> これは、反逆を隠すために戦前に59年前の古文書を焼却した、最も悪名高いメーソン戦争行為である。しかし、当時は奴隷制度が国を支配し、33 degreeのチャールストンがロッジを支配していた。そして、南部の宿舎は、史上最も不当で悪名高い戦争に備えました。南部人は、メーソンの命令と指導者に従わなければ、喉を切られることを密かに誓った指導者たちによって、それに導かれたのです

では、フリーメーソンはこれまで何を成し遂げてきたのか。第一に、キリストと教会に対するその戦争は、過去10年間の魔術の大規模な復興とグノーシス主義の驚くべき広がりによって激化した（拙著『悪魔主義』を参照）。

また、カトリック教会との闘いも激化した。1985年、バチカンの高等評議会には、カトリックの歴史の中で最も多くのイエズス会員が参加していた。その超軍事組織であるイエズス会は、世界中に広がり、ジンバブエ、ニカラグア、フィリピン、南アフリカなどの国々で大混乱を引き起こしている。その結果、アナーキーな精神が生まれ、ロックミュージックやそれと対をなすドラッグカルチャー、国際テロの急増など、さまざまな形で世界を席巻している。キリストによれば、ルシファーは無秩序と反逆の象徴であり、その父であることは覚えておく価値がある。フリーメイソンの歩みを検証すると、その最初の大勝利である血みどろのフランス革命までさかのぼることができる。もう一度、キリストの言葉を思い出してください。「サタンは血に飢えた殺人者であり、常にそうであった。

フリーメーソンは、フランス革命の計画と実行において主要な役割を果たした。未読の方には、ネスタ・H・ウェブスター著「フランス革命」（[2]）をお勧めします。この本は、フランス革命が、ロスチャイルド家によって資金提供されたフリーメイソンの事業であり、彼らはキリストに対する長年にわたる歯がゆい憎しみをこのように表現したことを、疑う余地もなく証明する、最も研究された本の一つである。

1917年のボルシェビキ革命の恐ろしさも同じである

---

[2]フランス革命、民主主義の研究、オムニア・ヴェリタスによる初めてのフランス語への翻訳、www.omnia-veritas.com。

。いずれも、フリーメイソンの精神が導き出したもので、特にイギリスのフリーメイソンには、その精神が見て取れます。その前に、私たちはアングロ・ボーア戦争を見ました。これは、神を敬うキリスト教徒からなる小さな牧畜民を一掃しようとする残酷で容赦ない試みで、南アフリカの地中に眠る鉱物資源の支配権を得るためだけに行われた最初の大量虐殺行為でした。そう、記録に残る初めての国家に対する大虐殺である。パーマー卿やアルフレッド・ミルナーなどの有力なフリーメイソンは、彼らが「安い」（セシル・ローズの言葉）と考える劣等民族、白人でキリスト教徒のボーア人農民に対してそれを実行に移した。

この戦争では、初めて強制収容所が使用され、（軍隊ではなく）民間人に対する全面戦争が行われ、2万7千人の女性と子供が犠牲になったのである。残酷なクリミア戦争もまた、普遍的なフリーメイソンの進展の一里塚であった。

アビシニア戦争もまた、イタリアを引き裂き、カトリック教会を弱体化させることだけを目的に始まった大量虐殺戦争であった。最初から最後まで、フリーメーソンの陰謀以外の何物でもない。ロドルフォ・グラツィアーニ将軍はフリーメーソンの第一人者であり、この事件はすべて、メーソンネットワークのマスターメーソンであり策士であるマッツィーニによる計画であった。

ムッソリーニが1922年にイタリアでフリーメイソンを禁止し、バルテレメオ・トレジャーニなど一部の

指導者を追放したのも無理はない。例によって、彼らはあらゆる種類の破壊的で反抗的な運動の世界的な首都であるロンドンに赴いた。1931年にこの記事を掲載した大手新聞社の言葉を借りれば、英国のマスコミはイタリアのフリーメイソンを「歓迎しない」と報道し、英国人を欺こうとしたのである。

すでに述べたように、いわゆるスペイン内戦は、スペインにおける共産主義政権の樹立とカトリック教会の転覆を目指したものであった。どう考えても、これもメーソンの陰謀だ。フリーメーソンは、自分たちの勢力が引き起こした市民の不安に乗じて、カトリック教会に猛烈な血の攻撃を仕掛けた。公式の統計によると、5万人の修道女と司祭が、最も残酷で非人道的な方法で命を落としたという。カトリック教会に対する憎悪は激しく、ある恐ろしい行為では、社会主義軍は修道女や司祭の死体を掘り起こし、教会の壁に座った状態で並べ、手に十字架をつけ、死者をあらゆる卑劣な言葉で非難、糾弾、呪詛したのだ。

当時も今も、西側の報道機関はフリーメイソンの手中にあり、「忠誠者」（ルシファーにのみ忠誠を誓う共産主義者）は世界の報道機関に支持された。大英博物館で勉強している間、私は戦争に関する報道を徹底的に読み、またこのテーマに関する多くの「ニュースレポート」やドキュメンタリー映画、特に明らかにタヴィストック研究所の仕事と思われる「

ニュースレポート」のいくつかを見た。[3]

人類の敵は例外なく、賞賛、賛美、支援、慰労を浴びせられ、キリスト教国スペインの軍隊は、キリスト教国フランコ将軍の指導の下、西側の嘘つきマスコミが得意とする根拠のない中傷と残虐性の非難にさらされた。もし、キリストがスペインのキリスト教勢力を率いていたとしても、売国奴のマスコミはその努力さえも台無しにしたことだろうと思う。

---

[3]John Coleman *The Tavistock Institute*, Omnia Veritas Ltd, www.omnia-veritas.com を参照。

第8章

メーソンあんさつ

サラエボでフェルディナンド大公を暗殺しようとしたメーソンの計画は成功し、白人キリスト教徒の虐殺という恐ろしい犠牲を伴う第一次世界大戦が起こった。第一次世界大戦と第二次世界大戦は、フリーメーソンの陰謀、謀略、計画の結果であった。

リンカーン、ガーフィールド、マッキンリー、ケネディの各大統領が暗殺されたことはすでに述べたとおりである。フリーメイソンによる暗殺は、アメリカの大統領に限らず、歴史上の著名人を幅広く巻き込んでいる。

メーソンの刺客の犠牲者は他にもたくさんいる。例えば、民間銀行である連邦準備銀行を阻止しようとした下院銀行委員会の議長、L・マクファーデン下院議員である。連邦銀行でも準備銀行でもなく、フリーメーソンに支配された奴隷の道具である。

ドイツ出身の33
degreeフリーメイソンであるポール・ウォーバーグが、1913年に連邦準備銀行を設立して合衆国憲法を破壊することに成功した論文を執筆したことは、確かに一般的な知識であろう。米国上院のフリーメー

ソンは、この法律を「法律」として成立させること
を確実にした。

1910年11月22日、連邦準備銀行を計画するために、
ジョージア州沖のジキル島へ向かう密閉された自家
用ワゴン車でホーボーケンを出発した共謀者のうち
、たった二人がフリーメイソンでなかった。この憲
法破壊の陰謀については、公式文書ではほとんど触
れられていない。マンデル・ハウス大佐（フリーメ
イソンの第一人者で、連邦準備法に署名したウィル
ソン大統領の会計監査官を務めた）でさえ、それに
ついて言及していないのである。

いつものように、アメリカ国民の重大な利益が危険
にさらされているとき、ニューヨークタイムズのよ
うな不正な報道機関は、これらの卑劣な反逆行為を
アメリカ国民に知らせることを良しとしないのだ。
なぜ1913年が重要だったのか？連邦準備銀行がなけ
れば、フリーメーソンが第一次世界大戦を遂行する
ことは不可能だったからですあの戦争でも、第二次
世界大戦でも、国際銀行家（銀行家、暴力団を指す
言葉）が所有する軍需工場は、決して手を出さなか
ったのです連邦準備銀行の「弾力性のある」通貨は
、武器取引のための資金を提供しました。ですから
、紛争のどちらの側でも、銀行家の資産、つまり武
器や軍需工場を破壊するほど愚かな人はいなかった
と確信できます。

本当の「国際派」は、欧米諸国の武器商人たちだと
感じています。メイソンの指示で動く彼らの目的は2
つ。戦争の発生と長期化、そして国際テロによる平

和の混乱である。そして、その後に起こるであろう戦争を利用するために。銀行は国境を知らず、どの国にも忠誠を誓うことはない。彼らの神はルシファーである。

できれば、『フォーチュン』誌から出版された小さな本『*Arms and the Men*』を手に取り、じっくり読んでみてください。そうすれば、国際テロの背後にいるのが誰なのか、そしておそらくもっと重要なのは、フリーメイソンが今日の世界で大活躍している悪魔の力であり、赤い旅団（メイソンのテロ集団「ラ・ロハ」の後継）や世界中で活動する何百もの組織的なテロ集団に責任があるという証拠になるでしょう。

フリーメーソンのもう一つの大きな成功と功績は、人工的に誘導された薬物の使用と、西欧諸国における「取引」の流星のような増殖である。ベトナム戦争における中国（原料アヘンの主要供給国）の役割は、アメリカ軍をアヘン中毒にさせ、その中毒をアメリカに持ち帰らせることであった。これには、中国が成功した。統計によると、ベトナムの米軍の15％がヘロイン中毒になったそうです麻薬取引の大物たちは、フリーメイソンを率いている。

信じられないと思われる方は、世界が知る限り最も偉大なアヘン搾取者、イギリス政府を思い出してほしい。イギリス政府が公式に行った中国へのアヘン政策は、何百万人ものアヘン吸引者を生み出した。パーマストン卿は、33 degree Scottish Rite Freemasonで、この陰湿な貿易の責任者であった。こ

の悪魔的な事業から得られる利益は、少なくともキリストに対する一つの大きな戦争、すなわちアングロ・ボーア戦争（1899-1902）の資金となったのである。

モナコ公国のグレース王女はどうなった？彼女の車はまだモナコの警察署で管理されている。誰も検査することができない。そして、なぜいけないのか？なぜなら、グレースはP2フリーメーソン教団（イタリアメーソンの極秘支部）の男たちに、コロンビアとボリビアで行ったドーピング手術の利益を横取りしないよう、夫に警告するために殺されたのだから！（笑）。

米国最高裁の無法地帯はメーソンに触発されている。無法な最高裁はアメリカに中絶を与えた。少なくとも5千万人の無垢で、自分を守ることもできない無防備な赤ん坊を大量に殺害するための丁寧な言葉である。全能の神が、ルシファーが胎児を殺害することを許したことを許してくれますように。

ヘロデ王は卑劣な子供殺しでしたが、中絶手術の薬は、それに比べると聖人のように見えます。最高裁のベンチを温めている中絶推進派の裁判官たちは、ヘロデよりも優れているのだろうか？最高裁が学校での祈りを禁止したのも、メーソンの勝利である。ルシファーは無法の典型であり、フリーメイソンに支配された米国最高裁は、今日、米国でその無法なアジェンダを実行しているのである。

　わたしは雲の高みに上り、いと高き方のようになる

（イザヤ書第2章14節）。

これは、アメリカの最高裁が行ったことです。聖書と合衆国憲法という、これまでに書かれた2つの偉大な文書よりも上位に位置しているのだ。この恐ろしい状況を改善しない限り、米国は下降線をたどり、最終的にはフリーメイソンと呼ばれるルシファーに支配された世界の陰謀の手に熟したプラムのように落ちることになるだろう。創世記の3章15節に、神がルシファーに宣戦布告したことが書かれている。その葛藤は、今まさに続いているのです。私たちはどうすればいいのでしょうか？

私たちは、テレビに映し出されるスポーツの光景に麻酔をかけられて過ごしているのだろうか。それとも、この偉大な国家の没落が迫っていることを、仲間のアメリカ人に警告する役割を担っているのだろうか。もし私たちが盲目の怠惰から目覚めず、ルシファーに対する神の戦いに加わらなければ、キリストの兵士としての価値はほとんどありません。

イエス様は、カインが地上における最初の無法者だとおっしゃいました。フリーメーソン運動はカインを称え、そのパスワードは「ツバル・カイン」である。フリーメーソンはキリスト教と共存できない。フリーメイソンが勝利するか、キリスト教が破壊するかのどちらかです。キリストの殺害は宇宙で行われた最も違法な行為だが、メーソンはそれに拍手を送っている。その偉人の一人、プルードンはこう言っている。

> 神は臆病であり、狂気であり、専制政治であり、悪
> である。私のために、ルシファー、サタン！

共産主義は、地上の人々に対する神の計画を無視して、ルシファーの王国を前進させるメーソンの陰謀である。このことに気づいたとき、多くのパズルのピースが組み合わさり始めるでしょう。

私たちが学校や大学で受ける教育では、これらの悪と戦うことはできません。なぜなら、これらの知識は、教育管理者によって意図的に隠されているからです。

連邦準備銀行が違法な私企業であるという事実について、私たちの大学では何も見当たりません。また、アメリカの秘密政府、300人委員会とその外交問題評議会が、この偉大な国を裏切り、一国政府-
新世界秩序-
の手に渡していることについても、何も見つからないだろう。これはメーソンの計画であり、キリスト教を完全に破壊し、地球上から消し去ろうとする彼らの普遍的な努力の一部である。

それは究極のアナーキーな行為である。キリストは、フリーメイソンの基となっているバビロンの律法から私たちを解放するために来られたことを忘れないでください。キリストは、サタンは不法に、つまり肉体を持たずに地上にやってきたので、無法者であると言いました。だから、キリストは合法的にこの世に存在するために、女から生まれなければならなかったのだ。

肉体を持つものだけが、この世に合法的に存在する。サタンは裏口からこの世に入り込んだ。(キリストは譬えで壁を乗り越えたと言った) メイソンが崇拝するサタンのせいで、アメリカは絶望的な状況に陥ってしまったのだ。おそらく、あなたは下級のメイソンで、「私は何年もメイソンをしているが、うちのロッジではこんなことは起こらない」と言うのでしょう。

あなたやあなたのような人たちに、「あなたは騙されている」と言わせてください。大多数のメイソンは、33
degreeで何が起こっているのか知らされることはない。

エッカートの言葉通りです。

> 私は、多くのメイソンが、メイソンの学位においてさえ、最高学位で教えられ実践されていることに使用するシンボルの隠された意味を疑っていないことを述べてきたし、繰り返し述べる。

また、石工の権威であるドム・ブノワはこう言っている。

> 改革されたパラジウム儀式は、その基本的な実践と目的としてルシファーへの崇拝を持ち、不敬と黒魔術のあらゆる悪徳に満ちている。

> 米国に定着した後、欧州に侵攻し、年々恐ろしく進歩している。そのすべての儀式は、想像できるように、神と私たちの主イエス・キリストに対する冒涜で満たされている。

これ以上言うことはないでしょう？

第9章

旧態依然とした事実

フリーメイソンについて無視できないのは、それが破壊的な運動であるということだ。フリーメイソンとは、多くの人にとって様々な意味を持つが、フリーメイソンの歴史に共通するのは、自らの安全のために秘密を守るという一定の特徴である。秘密結社はすべて破壊的であり、中にはオカルトや政治的なものもあるが、こうした事実はメイソンの本隊には隠されており、彼らは第4階級を超えることはほとんどないのである。

メイソンは秘密主義を好む組織であり、その本質的な悪を暴こうとする人々を憎んでいる。秘密主義のフェチである。石工は露出させる必要があります。オープンハウスは、この運動にとって自殺行為だ。本書の目的は、イエズス会や黒の貴族と深く関わっているメーソンに光を当てることであり、メーソンを単独で論じることは不可能であり、その共謀者について何らかの言及をすることなしに、メーソンを論じることは不可能である。

これは、本を進めていくうちに分かってくることだと思います。いわゆるメイソンの信条は、レオ・トルストイによってかなりよく説明されている。彼は

メイソンではないが、フリーメイソンとその原則の
一部に対して少し過剰なほど共感し、その上で明確
な説明をしている。

トルストイは「兄弟愛」（メイソンリー、イルミナ
ティ、共産主義の礎石）と共に次のように詳述して
いる。

> 私たちの祖先アダムから今日までの何百万もの世代
> が協力して石を積み重ねることによってのみ、偉大
> な神の住まいとなる神殿が建立されるのである。

メイソンのシンボルである「G」の文字が、神では
なくグノーシス主義を表していることは教えてくれ
ません。トルストイは続けてこう言っている。

> 我々の教団の第一の目的は、その基礎であり、いか
> なる人間の力もこれを破壊することはできないが、
> 人類の運命がかかっているかもしれない神秘を、最
> も古い時代から、最も最初の人間から、保存し伝え
> ることである。しかし、この神秘は、長い間、熱心
> に自らを浄化することによって準備されなければ、
> 誰もそれを知ることも使うこともできない性質のも
> のであるため、誰もがすぐにそれを達成することを
> 望むことはできません。したがって、第二の目的は
> 、伝統によって我々に伝えられた手段によって、我
> 々のメンバーが心を改革し、彼らの心を浄化し啓発
> するための準備をできる限り整えることなのです。

これこそが、イルミナティや薔薇十字団、イエズス
会など多くの秘密結社の目的なのである。黒い貴族
たちは、自分たちが何らかの形で特別な知識を授か

り、「古代から」支配するように選ばれたと信じている。

このように、メーソンと、今世界に大量にはびこる他のオカルト秘密結社との共通項を見ることができるのである。メイソンが完全に暗黒の嘘であることは、キリストの言葉から推測することができる。

> ...人は光よりも闇（秘密の場所）を愛する、なぜなら彼らの行いは邪悪だからだ。

メイソンリーに動機を与えるのは、長年にわたる基本的に重要な伝統の概念である。エジプトの神職に至るまで、すべての秘密教団は、普通の人が知らない秘密のことを知っているという前提で、一緒にされ、権力と権威を与えられていたのである。またトルストイか。

> 3つ目の目的は、人類の再生です。

これは、ソロモンの神殿の7つの階段です。ここで、ソロモンはおそらく史上最高のマジシャンであったということに触れておこう。近代になって、アメリカに住んでいたローマ人の青年が、デビッド・カッパーフィールドと名乗り、偉大なマジシャンとして有名になった。ロマ系ジプシーは古くから手品師として知られ、カッパーフィールドは高名になったが、レイプ事件で逮捕され、キャリアが崩壊した。私は、旧約聖書にもあるように、キリスト教は魔術を土台にしたものではないと信じているので、ソロモンの知恵がキリストの教えに影響を与えることはほ

とんどないと割り切ることにしている。私の個人的
な意見としては、キリスト教は旧約聖書に全面的に
依存しているわけではないと思っています。キリス
ト教の本当の始まりは、ガリラヤのキリストです。
キリストはエルサレムやソロモン、ダビデの血筋の
出身ではありません。したがって、キリスト教徒は
、メイソンがソロモンについて多くを語っているこ
とから、メイソンがキリスト教に基づくという考え
をプロパガンダとして頭から否定しなければならな
い。

この点を勉強すれば、メーソンとキリスト教の両方
をよりよく理解することができるだろう。私見では
、キリストは当初ガリラヤに限定して宣教していた
が、信奉者の説得によりエルサレムへの宣教を行う
ようになったと思う。その都市への布教の旅から間
もなく、サンヘドリンは彼に十字架につけるよう宣
告した。ソロモンの手品がフリーメイソンと同じよ
うにキリスト教と関係があるとは思えない。フリー
メイソンとお寺の密接な関係について、これまでど
れだけの人が疑問に思ったことがあるのだろう。

ソロモンの神殿の7つの階段は、本来は...を意味する
。

❖　　裁量権
❖　　服従
❖　　モラル
❖　　人類への愛
❖　　勇気
❖　　寛容さ

❖　　　愛
❖　　　死亡者数

この20年間、ハリウッド映画やテレビ映画のほとんどに、葬儀のシーンが登場していることに、改めて注目してほしい。死は打ち勝つべき最後の敵である」というキリストの教えとは正反対の、死に対してのんきな態度を全員に植え付けることが目的であることを指摘したい。死を単なる無と見なすようになると、文明は野蛮に退歩する危険性がある。

死をカジュアルに受け入れることに慣れれば、我々の感性は（願わくば）鈍くなるだろう。大量殺人の通常の意識的な恐怖は、やがて無謀さの感覚に変わるだろう。私たちは、常に洗脳されているのだと申し上げたい。今度、お決まりのように墓場での埋葬シーンがある映画を見たら、この点を思い出してください。その意図は、私たち一人ひとりの個性を尊重しないように仕向けることです。私たちは大衆ではなく、個人なのです。

死を気軽に受け入れることは、キリストの教えに反し、フリーメイソンや他の多くの秘密結社の教義と一致し、その性格や目的は明らかに悪魔的である。エジプト式のメイソンを「発見」したといわれるフリーメイソン、カリオストロに関する注目すべき本の著者、フランク・キングは、カリオストロが受けた入会式について「今日のメイソンのロッジで行われているものと非常によく似ている」と述べている。その中には、無害だが品位に欠けるシーンがいくつか含まれており、候補者を感動させることを意図

している。

天井に吊るされたイニシエーターは、神の助けなしには無力であることを意味する。彼は短剣で刺されるが、その刃は柄の中に倒れ、騎士団の秘密を裏切った場合に彼に降りかかる運命を暗示している。ロッジのマスターに服従を示すために、服を脱いでひざまずく必要があった。偉大なマジシャンであるカリオストロは、ロンドンを訪れた際、エジプト儀礼の本を手に入れた。ジョージ・ガストン氏の著書です。これに感銘を受けたカリオストロは、これを「フリーメイソンのエジプト式」と名付け、自分のものだと主張して宣伝し始めた。カリオストロは、エジプト儀礼は通常のメイソンリーよりも厳粛で古いと主張した。彼はその「発見」を、25 degree以上のメイソンにのみ開かれた「高次のメイソンリー秩序」として発表した。カリオストロは、原作者のガストンと同様、エジプト式の創始者はエリヤとエノクであり、彼らのようにエジプト式メソニック教団のメンバーは決して死なず、死後「移送」されて、そのたびに灰から生まれ変わって12の生を生きると主張している。

清められた」石工たちは、死ななくてもよく、12の命が与えられるということに非常に魅力を感じ、新、いや古代のカリオストロ騎士団に改宗する者が続出した。1776年、ロンドンのキングス・ヘッド・メイソンのホープ・ロッジに、奇術師で当時の「ソロモン」ことカリオストロが入会を許された。14ヵ月間ロンドンに滞在した後、ローマでカトリックの敵の目を盗んで「新しい」儀式を宣伝するために出発

したが、すぐにローマ教皇に逮捕された。フリーメーソンについてこれ以上何も知らなければ、フリーメーソンがオルフィカやピタゴラスのカルトの直系の子孫であり、キリスト教とは何の関係もなく、神の崇拝とはさらに関係がないことはすでに明らかである。先ほど言ったように、メイソンは「G」の文字が神を表すと誇らしげに主張しながら、それを教えてはくれないのである。もしメイソンがキリスト教に基づいて設立されたのなら、これほど激しく暴力的にカトリック教会を憎むことはないだろう。

第10章

カトリック教会：フリーメイソンの不倶戴天の敵

カトリック教会は、その歴史の初期から、メイソンを本質的に悪であると糾弾してきた。一方、プロテスタント教会、特に英国国教会の支部は、公然とメイソンを容認してきただけでなく、英国国教会のヒエラルキーの一部がフリーメイソンの高官に就任しているケースも少なくない。ロンドンのクアトール・コロナティ・ロッジやパリの15区にある悪名高いナイン・シスターズ・ロッジ[4]
など、聖公会の神父が最も秘密で重要なロッジを支配しているケースは多いのである。フリーメーソンは、プロテスタントを、その致命的で手強い敵であるカトリックの落とし子と考えて、恐れないと侮蔑的に宣言しているのである。

プロテスタント教会は、フリーメイソンの普及に効果的に反対することはできない。フリーメーソンは、マッツィーニ（アメリカ南北戦争を引き起こす決定的な役割を果たしたフリーメーソンの第一人者）が猛烈な勢いで非難したカトリックに代わる唯一の

---

[4]ベンジャミン・フランクリンが所属していたとされる有名なナイン・シスターズ・ロッジ。

有力な選択肢として、メーソンを事実として教えている。フリーメーソンは、プロテスタント教会を無視していると言っても全く差し支えない。

33 degree masonが教えてくれました。

> 私たちは今日、世界で最初の宗教です。私たちはカトリック教会よりも古く、賢明であり、それゆえにカトリック教会は私たちを憎んでいるのです。私たちに参加する人は、自分が秘密結社の根本宗教の一員であり、生命と宇宙の力に関する最古の謎の守護者であると感じているのです。私たちは、組織化された宗教のように、信者に深い目的意識を持たせるという問題を抱えていないのです。アフリカや南米のカトリックを見よ。目的意識、帰属意識に深く根ざしていると言えるでしょうか。

もちろん、フリーメイソンの友人は、フリーメイソンが欺瞞に基づいており、その本当の目的はルシファーへの崇拝であることをわざわざ説明してくれなかった。彼は私に対する宣伝活動を続けながら（実際、彼は私に自分のロッジの会員になることを勧めていた）、こう言った。

> 私たちが受け入れるイニシエイトは、自分の目的や目標が突然明確になり、整然とした宇宙を感じるようになるのです。彼の背後には、アダムに遡る伝統が立っている。人間の兄弟愛という概念は、彼に人類に属しているという新しい感覚を与えてくれる。しかも、世の中には慈悲深いメイソンの兄弟がたくさんいて、彼を失望させることはない。もちろん、これはキリスト教会が完全に見逃している重要な魅力である。キリスト教会が、人間同士を大切にする

　ことを学ばない限り、キリスト教は枯れ続けるだろう。

　私たちは皆、身体的な欲求を満たしたいと強く願っていることは間違いないでしょう。セキュリティは最も重要であり、私の友人のメーソンは確かに正しい。ビリー・グラハムとその仲間の「テレビ伝道者」たちは、明らかに自分たちのニーズには非常によく配慮しているが、彼らのミニストリーの中心メンバーは、現実的なレベルではまったく配慮されていないのである。クリスチャンの間では、兄弟愛や他者への配慮が全く欠けている。このような目に余る欠陥の存在と問題の深刻さは、誰も否定できないでしょう。この点では、会員を大切にするメイソンリーからヒントを得ることができます。メーソン、黒貴族、イエズス会の近親相姦関係がどうであれ、彼らの共通の願いと目的は、既存の秩序を転覆させ、キリスト教を破壊することである。カトリックであれプロテスタントであれ、彼らの目的には全力で反対するのが私たちの義務です。すべての偉大な陰謀は、強力なイデオロギー的動機、つまりメイソンの場合はキリスト教に対する共通の憎悪によって活気づけられ、互いに固められ、結ばれている。彼らの「ヘイトリスト」には、真の共和主義的理想と国民国家を憎むことも含まれている。

　上記とは別に、共謀者の共通点は？その答えは、「旧家」の莫大な財産と、愚かにも一部の王族によって100％バックアップされているからである。アメリカでは、ボストンの富裕層の力を借りて南北戦争を起こし、連邦を壊しかけた陰謀団の一つであるエセ

ックス・ジュントの末裔であるCFRが全面的に支援しています。ボストンの最も古く立派な家系の子孫たちは、エセックス・ジュントの仕事を続け、合衆国を解体しようとしている--
そして彼らは、世界で最も裕福な銀行王朝のいくつかによって支えられている。

この裏切り者の一団は、バチカンに味方を得ている。バチカン放送で反米プロパガンダを放送していたクラリッサ・マクネアという人物だ。彼女は著名なフリーメイソンに守られていたため、ローマ教皇の怒りを買うことなく、なんとか生き延びることができたのだ。

ポーランドを不安定にし、計画された侵略への道を開いたのは、イエズス会の訓練を受けたフリーメーソン、ズビグニュー・ブレジンスキーである。彼は、ヤルゼルスキー将軍の政府を不安定にするためだけに、偽の労働組合、連帯[5]
を「作った」のである。ローマ法王は、自分、レフ・ワレサは、より大きな力を手にするための道具に過ぎないと説明した。その後、ワレサは政治の表舞台から姿を消した。一人か二人の例外を除いて、ほとんどの教皇はフリーメーソンを敵視し、一貫してイエズス会に反対している。教皇ヨハネ・パウロ2世は、反イエズス会のパオラ・デッツィを教団長に任命し、イエズス会界を騒然とさせた。"私は教団に秩序をもたらす"と教皇は言った。

---

[5]ポーランド語でSolidarnosc。

上記のポーランドとイエズス会への反対は、ローマ教皇がメイソンリーとの戦いに巻き込まれた数ある事例のうちの2つに過ぎない。ローマ法王ヨハネ・パウロ2世の外交努力について知っている人はほとんどいない。例えば、ローマ法王がアメリカに対して、中東政策における盲目的な親イスラエル主義を捨てるように繰り返し警告し、その態度は第三次世界大戦を引き起こすと述べたことなどが挙げられる。

第二次世界大戦後、西側諸国の政府で意図的な反逆が行われたのはポーランドだけではありません。裏切り者のイギリスMI6のバージェス、マクリーン、フィルビーをKGBに入隊させたのは、あるクルグマンであったと記憶している。フィルビーは生涯フリーメイソンであり、スコットランドの儀礼派フリーメイソンでSISの前局長であるスチュアート・メンジース卿を通じてSIS（特殊情報局）に就職した。女王の白鳥の番人であり、非凡なスパイであるアンソニー・ブラントは、フリーメイソンに参加した後、裏切り者としてそのキャリアをスタートさせた。

ブラントはそのキャリアを通じて、SISの上層部、つまり彼と同じくメーソンの大義に献身するフリーメイソンの仲間に守られていたのである。SISにはKGB・メイソンのモグラがウジャウジャいる。もう一つのスキャンダラスな事実は、ロンドン警視庁が上から下までスコットランド・ライト・メイソンによって運営されていることである。石工は、微妙なコントロール方法を使います。歴史の浅い頃は、必ずしもそうではありませんでした。当時は、今よりももっと武力行使が可能な時代であった。先ほどのカリ

オストロは、その典型的な例である。カリオストロは、シチリアの侯爵（フリーメイソン33 ）が、検察官に飛びかかって裁判を妨害し、地面に叩きつけたことで窃盗罪に問われた。カリオストロの告訴はすぐに取り下げられた。この証言は、メーソンの権威であるW.R.H.トウブリッジとゲーテによって検証された。今日、黒い貴族-
メイソンのイエズス会は、ロベルト・カルヴィの絞首刑やグレース・ケリーの死に見られるように、誤った会員に警告を与える以外は、直接的な武力行使をしない。カルヴィはアンブロジアーノ銀行の取締役で、数百万円のメーソンの金を紛失した罪を犯していた。彼は友人の庇護を求めイギリスに逃れたが、致命的な罠にはまった。彼は、フリーメイソンの儀式に従って絞首刑に処された。機会があれば、メイソンは暴力を避けることはない。学位ごとに行われる血の誓いは、残忍で嫌悪感を抱かせるものです。

作家のジョン・ロビンソンは、著書『Born in Blood』の中でこう語っている。

> 舌を引き抜き、心臓を胸から引き抜き、体を二つに切って内臓を灰にするのは、文字通りやりすぎで、フリーメイソンが活動している国の法律にも、フリーメイソンが友愛のために歓迎しているすべての宗教にも反しています。

第6代大統領ジョン・クインシー・アダムスは、特にフリーメイソンに激しく反対していた。

ロビンソンがその著書で言っているように.

> アダムスは、フリーメーソンを非難する機会を逃さなかった。彼は、すべてのフリーメイソンに、キリスト教民主主義とは全く相容れないものであるから、教団を放棄し、きっぱりと廃止するように訴えた。彼は、フリーメイソンに反対する手紙を、本が一冊書けるほどたくさん書いた。1831年9月22日付の友人エドワード・インガソル宛ての手紙の中で、元大統領は、メイソンの誓いとそれが兄弟愛に与える影響についての自分の態度を要約している。

メイソンと合衆国憲法に関する歴史家や研究者は、メイソンが建国の父たちの間に根を下ろしたという主張が、若い共和国にしっかりと根付いたままであることに異を唱えている。最終版の憲法は多くの優秀な頭脳によって書かれたが、その多くをフリーメイソンが担っていたことが明らかになった。

この文書の大部分を占めるトーマス・ジェファーソンの散文は、それでもフリーメイソンに強く反対していた。他の主な著者は、ジョージ・ワシントン、ベンジャミン・フランクリン、ジョン・アダムズである。フリーメイソンではなかったが、アダムスはワシントンやフランクリンと同じ考えを持っていたはずだ。ジェファーソンは邪魔者であることに変わりはない。しかし、カリオストロにしたように、フリーメーソンはいつも自分のことは自分である。

イタリアのフリーメイソンP2ルチオ・ゲリがスイスの厳重な刑務所から「奇跡の脱出」を果たしたことは、それを証明するものであり、メイソンの並外れ

た力を示すものである。ゲリは、スイスの警察にも
ラインハルト・ハイドリヒの残党であるインターポ
ールにも悩まされることなく、スペインで暮らして
いるのである。ゲリの不思議なところは、第二次世
界大戦中、ムッソリーニがフリーメイソンに反対し
ていたにもかかわらず、ムッソリーニと緊密に連携
していたことである。

それは、ゲリが17歳の時、ムッソリーニが結成した
遠征隊に志願し、スペインの共産主義者と戦うため
に派遣されたからだろう。

その後、CIAに入局。1981年3月、警察はゲリの自宅
を捜索し、彼がいわゆる「バチカン銀行」のロベル
ト・カルヴィ、つまりマフィアと一緒に働いていた
ことを示す数多くの文書を発見した。カサローリ枢
機卿は後に、バチカン銀行が数百万ドルを奪われた
と述べた。

第11章

インターポールのメイソンクルー

私は、第二次世界大戦で自国を守ったドイツを非難しながら、なぜ欧米諸国が旧ナチスの装置であるインターポールを使っているのかと不思議に思っていたが、インターポールはフリーメイソンとイエズス会と黒の貴族が保有するスパイネットワークであることが分かった。ロックフェラーは、戦後、ドイツから買収したインターポールを利用して、外交問題評議会（CFR）の脅威となるアメリカの右翼団体を監視している。

私が研究した歴史は、普通の歴史の本には載っていないのだが、スコティッシュ・ライトは常に、そして今も、世界にはびこる多くの秘密結社のトップであることが明らかにされている。フリーメーソンのスコティッシュ・ライトは、モベッズ（時にマギと呼ばれる）のカルトとして始まった。魔術師シモンはモベッズの一員であった。グノーシス主義を反キリスト教の勢力に高めたのはシモン・マグスであり、彼はそれをローマに持ち込み、聖ペテロやアレクサンドリアのフィロらの活動に対抗したのである。

グノーシス主義から、キリスト教、国家、国家、共和制の理想に対する憎悪が生まれ、やがてすべての

秘密結社の教義体系として蒸留され、私たちがフリーメイソンとして知っているものになったのである。フリーメイソンの中心はスコティッシュ・ライトであり、そこではルシファーが高位で敬われ、崇拝されている。イギリスの貴族は、それをアメリカに押し付け、若い共和国に悲惨な結果をもたらした。英国は、オカルティスト・テンプラーカルトのラファエル前派同胞団とジョン・ラスキンのイシスとオシリスを受け継ぐ不義なスコットランドの儀式によって統治されています。薔薇十字団は、イエズス会のロバート・フルドと諜報部員ベーコンの秘書トマス・ホッブスが創始し、スコットランド儀礼の創設理念を打ち立てたものである。

フリーメイソンのスコティッシュ・ライトの創設は、有名なシェルバーン伯の祖父であるウィリアム・ペティ卿が監督したもので、スイスの寡頭制が主導し、ロンドンが支配する流血革命（我々がフランス革命と呼ぶ）の首謀者である。イエズス会はロバート・ブルースをスコットランドの王位に就かせ、スコットランド儀礼のトップに任命した。エリザベス1世の時代からイングランドの指導層を支配してきたセシル家も、その陰謀の一端を担っている。セシル家は、ゲルフの黒貴族のベネチア家に直接関係している。セシル家の詳細については、拙著『*King Makers, King Breakers: The Cecils*』をご覧ください。

共和制アメリカの秘史には、スコティッシュ・ライトのメンバーで、若い共和国に反対した悪名高い裏切り者の名前がたくさんある。黒人貴族のスイス人スパイ、アルバート・ギャラティン、退廃的で放蕩

なアメリカ人アルバート・パイク、そして1804年にスコットランドの儀礼的フリーメイソン、ウィリアム・ピット首相がアメリカに送った新しいイギリス大使アンソニー・メリーは、ティモシー・ピッカリング、上院議員ジェームズ・ヒルハウス、ウィリアム・プラマーと共にニューハンプシャーを連邦から分離させるために共謀していたのです。メリーは未熟な外交官を装っていたが、実はメーソンの高官であり、ニュージャージー、ペンシルベニア、ニューヨークでも同様の離反工作に携わっていたのである。

ウィリアム・ユースタスは、スコティッシュ・ライトがジョン・クインシー・アダムスの議席獲得に対抗して擁立した候補者である。フリーメイソンは、ユースタスのアダムズに対する勝利に加担していることを隠していなかった。その数年前、同じくフリーメーソンのグレンヴィルが、印紙税法を成立させた。

フリーメーソンに支配されたイギリス議会は、ヘンリー8世の法令を発動し、アメリカ植民地から、若い国を国王ジョージ3世のくびきから解放しようとする者は、たとえそのために戦争をしてでも、イギリスに連れてくることを認めたのである。

若い共和国の敵である憎き寡頭制がサウスカロライナのチャールストンに設立したスコティッシュ・ライト世界のマザーロッジは、トーリーの実業家であるモーゼス・ヘイズという人物を主要な使者として、全州を行き来してスコティッシュ・ライトからの

指示やメッセージを運んでいた。ヘイズは、戦争が始まると忠誠の宣誓を拒否した。非常に強力なボストン第一国立銀行は、ヘイズ、アーサー・ヘイズ・サルツバーガー、ジョン・ローウェルによって、「マサチューセッツ銀行」の名で設立された。サルツバーグ夫妻は、その後、名目上のオーナーであって、実質的なオーナーではないとして、ニューヨーク・タイムズ社を経営することになった。ニューヨーク・タイムズの反米主義に関する長く下劣な記録は、ここで述べるにはあまりにも有名である。

スコティッシュ・ライトが計画した積極的で重大な反逆は、共和国の敵であるブラック・スイスの貴族、オーギュスタン・プレヴォストに与えられた特許と、「王家の秘密のプリンス」というメイソンの称号によって、アメリカで本格的に始まった。ブラックスイスやベネチアの貴族たちは、ヨーロッパの古い秩序を脅かす存在として、この若い国を弱体化させ、破壊するためにあらゆる手を尽くし、歴史を通じて私たちを翻弄しました。14
世紀にボロボロになり破滅寸前だったロンバルド家は、「慈悲深いフリーメイソン」、特に黒貴族のフリーメイソン、ヴェネツィアのヴィテルボス伯によって再び興隆することができたのである。

ヴィテルボ家とロンバルド家はヴェネツィアの権力と威信を復活させ、ロンバルド銀行家は数百年にわたりアメリカ共和国と戦い続けたのである。ヴィテルボ家はオスマン帝国を征服することでヴェネツィアを再興し、その帝国はヴィテルボ家とその家族友人によって分割された。ベネチアの黒人貴族ロネド

ンは、イグナチオ・ロヨラの「改宗」を組織し、彼は突然悔い改めてイエズス会を設立したのである。イエズス会は、フリーメイソン、黒貴族、パラヴィチーニ、コンタリーニ、ルカット家、アメリカ東海岸のリベラル派の情報収集組織であったし、現在もそうである。フリーメーソンによるカトリック教会と米国に対する300年にわたる戦争の一部として、我々の核抑止力を非難するカトリック司教の司教書簡を書いたのはイエズス会であった。

メイソンの代表的な戦士といえば、レーガン大統領の問題児で国連大使を務めたヴァーノン・ウォルターズである。ウォルターズは、イタリアP2メイソニック・ロッジの有力なメンバーだった。レーガン大統領は、ナクサライト運動（1960年〜1970年）でP2のために果たした役割について、ウォルターズ氏に質問したことがあるのだろうか。ウォルターズに劣らず興味をそそられたのが、フィリピンのマルコス大統領打倒に一役買ったウィリアム・サリバンである。クラーク飛行場とスービック湾飛行場のリース料をフィリピン政府に支払わないよう議会に要請したのもサリバンであった。

サリバン氏は、グアンタナモ湾の海軍基地のためにキューバへの支払いを停止するよう議会に求めたわけでもなく、キューバからの麻薬の流入に抗議したわけでもないことに注意したい。サリバンは、当時キューバにあった西半球最大のテロリスト養成所、リビアやシリアの養成所を凌駕する施設について言及しなかった。

ウォルターズもサリバンも、各国政府内で活動する
スコティッシュ・ライト最高評議会のメンバーに代
わって重要な決定を下す、メーソンの最高機密組織
「シオン騎士団」の支配下にあった。我々の秘密の
歴史を通して、メーソン-
イエズス会の邪悪な力が我々の意思決定装置を支配
してきた。これは、アメリカ独立戦争と南北戦争の
時と同様に、今日も確実に真実である。

レーガンは完全にメーソンに支配され、CFRの命令
に従って行動していた。スコティッシュ・ライトに
関する非常に重要な書籍が多数あります。

私のリストのトップは、サミュエル・ハリソン・ベ
イナード著『*33 Degree, Masonic Jurisdiction of the
Northern United States and its
Background*』*のメンバーの最高評議会の歴史、1801
年から1861年の最高評議会、南部管轄の歴史、およ
びチャールストンからの11人の紳士：最高評議会の
創設者、世界の母協議会は、どちらもレイ・ベーカ
ー*が書き、Ancient and Accepted Scottish Riteの33
Degree
の最高評議会によって自費出版したものである。

ベーカーはアメリカにおけるスコティッシュ・ライ
トの歴史家として知られており、彼によれば、スコ
ティッシュ・ライトはユダヤ人商人とユダヤ人宗教
家によって作られ、彼らは1760年にフランスから特
許を持ち込み、その後チャールストンとフィラデル
フィアで適用されたという。しかし、他の歴史家に
よると、ユダヤ人はスコティッシュ・ライトの会員

になることが許されていないそうだ。これは、誰が
アメリカでスコティッシュ・ライトを創設したのか
という問題を回避するための煙幕であると、私は非
常に信じがたい。ソロモン王は、メーソンの儀式に
登場する人物で、ユダヤ教の信者であり、偉大な魔
術師の一人であることは知っています。また、メー
ソンの儀式の多くは、ソロモンが行ったユダヤ教の
呪術儀式をベースにしていることも分かっている。

第12章

歴史家ヨーゼフが石工を語る

有名な歴史家ヨセフスは、メーソンの儀式に使われる呪文や呪術の本がソロモン王によって書かれたものだと述べている。ヨセフスがソロモンが書いたとする『*ソロモンの鍵*』という本も、メイソンリーで広く使われている。スコティッシュ・ライトとユダヤ教との関係がどうであれ、英国の寡頭政治家の中にそれを採用している者がいることは確かである。

アメリカにおけるメーソンの主要人物の一人は、すでに述べたオーギュスタン・プレヴォストで、彼の兵士はアメリカ独立戦争中にサウスカロライナ州を略奪した。プレヴォストは、先に紹介したユダヤ人商人グループの一つであるフランケンが設立したロッジ・オブ・パーフェクションのグランドマスターであった。

フランケンはスコティッシュ・ライトの特許をオーガスティン・プレヴォストに伝え、プレヴォストはイギリス軍のメーソン仲間に命じて、チャールストンにロッジを設立させた。オーガスティン・プレヴォストの親族の一人、マーカス・プレヴォスト大佐は、植民地主義者と戦う「クラウン・ロイヤリスト」をリクルートする役割を担っていた。

忠誠者」の中には、東海岸のリベラル派の多くのメンバーの経歴があり、裏切り者のマクジョージ・バンディは、今日の政治現場にいるヨーロッパの寡頭制と王族の最も活発な支持者の一人で、アメリカへの忠誠心が非常に疑わしい人物であった。スイスのプレヴォスト家は、歴史の教科書にあまり載っていないため、あまり知られていないかもしれません。

もう一人のプレヴォスト、サー・ジョージ・プレヴォストは、アメリカを内部から破壊するために送り込まれたスイス・メイソンのスパイ、アルバート・ギャラチンと密接な関係をもっていた。ジョージ卿は、1812年にワシントンを略奪し、ホワイトハウスを焼き払ったイギリスの侵略軍を指揮していた。ボストンのブルーの血が、イギリスの悪行を思い出したくないのは間違いない。もし、多くのアメリカ人がそれを知ったら、「特別な関係」は台無しになるかもしれない。

チャールストンの世界のマザーロッジは、1804年にフランス、1805年にイタリア、1809年にスペイン、1817年にベルギーにスコティッシュ・ライトの特許を拡大した。チャールストンの11人の紳士」の一人は、同市のエピスコパリアン教会で役職に就き、サウスカロライナ州の「英国党」の指導者であったフレデリック・ダルチョーであった。ダルチョの時代からあまり変わっていない。英国国教会のアメリカ支部には、スコティッシュ・ライト・メイソンが蔓延しているのだ。

先ほど、ユダヤ人はスコティッシュ・ライトに入れ

ないという話をしました。スコティッシュ・ライトの著名なユダヤ人会員は、ジョン・ジェイコブ・アスターである。彼はニューヨークでメーソンのキャリアをスタートさせ、ニューヨーク・グランドロッジの財務担当を務めた。裏切り者のアーロン・バーに33 degree Masonを与えたのはアスターである。

$42,000.この金で、バーはアレクサンダー・ハミルトンを殺害した後、ニューヨークのユダヤ系フリーメーソン高官ジョン・スライデルの助けを借りて逃亡することができたのである。

スライデルはチャールストンとニューオーリンズに住み、南部紳士の風格を身につけた。アーロン・バーと密接な関係にあった。二人は、ニューオリンズのイエズス会士たちの協力を得てルイジアナ州を乗っ取る計画を立てたが、米国に忠誠を誓う愛国者たちに見つかり、計画は失敗に終わった。連邦解体という裏切り行為を行った当時、スライデルは政府の重要な役職に就いていた。彼を支えたのは、メーソンの仲間たちだ。彼の時代、アメリカ政府には何百人ものフリーメイソンがいた。ヴァーノン・ウォルターズやジョージ・シャロットが、自分たちのメーソン宣誓を合衆国への忠誠の誓いと両立させることができるかは疑問である。キリストが言ったように、"人は二人の主人に仕えることはできない"。

ヨガを信じる人にとって、フリーメイソンが思考の流れをゆっくりと止める方法としてヨガを推進しているのは興味深いことです。フリーメーソンは、考えることを嫌う。この情報は、悪魔崇拝者のアラス

ター・クロウリーに、彼の弟子であるアラン・ブノワが、有名なフリーメイソンの歴史家エッケンシュタインから入手したものであった。

4度以下のメーソンの儀式では、ヨーガの教えを自由に取り入れていますが、メーソン最高評議会の中では、ヨーガは一切教えられていませんし、追随もしていません。最高評議会は、通常の世界にとって本当に関心のあるいくつかの秘密を持っています。マッツィーニとパイクは、マルコーニが無線電信を「発明」するずっと以前から、無線電信で連絡を取り合っていたことが分かっている。もう一つ、最高会議に選ばれたメンバーが持つ驚くべき秘密は、銀を作り出し、金に変える方法である。

この式は、プライスというイギリス人が、パーマストン卿（イギリス首相の父）とオンズロー卿（33度メーソン）に示したものである。プライスは「霊から」秘伝を授かったという。彼は、水銀と白い粉を強い炎で溶かして、その主張を証明した。

この混合物を専門家が検査したところ、純銀であることが判明した。その後、銀を炎で溶かし、赤っぽい粉を加えた。いくつかのインゴットが鋳造された。銀や金の専門家が常駐し、新製品をよく観察し、その場でテストした結果、純金であることを宣言した。その秘密は、スコティッシュ・ライトの最高評議会に選ばれた人物によって、今も深く隠されている。プライスについては、「青酸カリを飲んで自殺した」と言われている。

本当に自殺なのか、それとも毒殺なのか。プライスはパーマストン卿に自分の主張を証明する際に致命的なミスを犯したのだろうか、その可能性は高いようだ。プライス氏の死は驚くには値しない。メイソンの信奉者たちは、常に創造者ではなく、破壊者であったからだ。

アメリカの鉄鋼業がその証左である。グイド・コロンナ伯爵は、アメリカではあまり知られていない。何十万人もの失業中の鉄鋼労働者の中で、彼の名前を聞いたことがある人はほとんどいないでしょう。このコロンナは、フランスの黒人貴族ダヴィニョン伯爵と共謀して、アメリカの鉄鋼業を破壊しようとした黒人貴族のフリーメーソンである。この陰謀が成功したかどうかは、北部の州に点在する錆びついた静かな製鉄所を見て判断することができる。解体計画の推進を指示したのは誰ですか？

その答えは、ウィンザー家として知られるゲルフ家である。ゲーフリは世界的な寡頭政治の礎となっている。

もし、私たちが本気で産業の破壊を止めようとするならば、ゲルフ、特にフリーメーソンのスコットランド式儀式を通じて活動しているイングリッシュ・ゲルフから始めなければならない。この旧家のユニークな重要性は、「アメリカ経済の何が問題なのか」という研究では全く見落とされている。

ウィンザー家はイギリスとカナダを支配しているが、それらは彼らの個人的な領地に過ぎない。ウィン

ザー家の強さは、世界の原材料を支配し、その原材料を国々から奪い取る見事な手腕にある。ちょっと調べると、カナダでは木材、石油、毛皮でやっていることがわかります。

南アフリカでは、金とダイヤモンドを泥棒のオッペンハイマー・アングロアメリカンが、ジンバブエ（旧ローデシア）では、クロム鉱石（世界で最も純粋なもの）をイギリス女王エリザベスのいとこが所有するロンロー社が、そしてボリビアでは、スズをリオティント社が取り扱っています（詳しくは、『300人の委員会』の項をご覧ください）。

ウィンザー家（ゲルフ家）は、一国の政治権力を誰が握っているかは気にしない。ロシアを除けば、彼らにとってはどの役職者も同じなのです。彼らは今でもほとんどの国の天然資源を支配している。フィリップ皇太子は、さまざまな「環境」団体の運営を指揮しているが、それらはウィンザーの原材料の埋蔵量から「外国人」を排除するための薄っぺらな手段である。世界自然保護基金の理事長であるこの「自然保護論者」は、週末に1000羽のキジを撃つことに何の抵抗もないのだ。

ハンブロス・グループのおかげで、ウィンザーの売上は数十億円にもなる。ハンブロス・グループは、メーソン系証券会社のネットワークを通じて、強固な地位を維持しています。その他、メイソンが経営する会社は以下の通りです。シアソン、アメックス、ベア・スターンズ、ゴールドマン・サックス、すべてハンブロス・グループの傘下にあり、最終的に

はベネチア黒人貴族のウィンザー・ゲルフが支配している。

ゲルフは何百年も前からメーソンと関わりを持っている。イギリスとのつながりは、1293年、ベネチアのコルソ・ドナーティ王朝に始まる。

第13章

アメリカ内戦はフリーメイソンの仕業である

恐ろしいアメリカの南北戦争は、最初から最後まで、フリーメイソンの仕業だった。フリーメイソンの説明は、明白な理由により、我々の歴史書のどこにも載っていない。イギリスとの戦争に参加しなかった英国人の家族は、ノバスコシア州に定住し、そこからアメリカ独立戦争の間中、英国に協力した。その後、彼らはアメリカに戻り、南北戦争で頂点に達した共和国アメリカに対するイギリスのフリーメーソンの陰謀を助けるという伝統を引き継いだのである。

この残酷な災害で、アメリカは50万人の兵士を失った。これは、2つの世界大戦の犠牲者を合わせた数よりも多い。南北戦争は、イギリス・ヨーロッパ寡頭政治のフリーメイソンの陰謀で、国を戦国時代に分割し、アメリカ独立戦争で失ったものを取り戻そうというものであった。彼らは、「アメリカ」の裏切り者たちによって、この試みを見事にサポートされたのである。アメリカの愛国者クレイとキャリーの目覚しい活躍がなければ、極悪非道なリベラル・エスタブリッシュメントは成功し、アメリカは今日存在しなかったかもしれないのである。

この教訓は、たとえ歴史家チャールズ・ビアードの著作に登場しなくとも、私たちは歴史から学ばなければならない。フリーメーソンは、植民地主義者との戦争に負けても、決してあきらめなかった。イギリス海軍がアメリカの船を押収し、何千人ものアメリカ人船員を投獄した時代が長く続いた後、1812年に事態は収束に向かった。当時のキッシンジャー首相は、アメリカにはどうすることもできないと言ったが、その通りだった。スイス・メイソンの最大の敵であるアルベイト・ギャラティンは、国防費を削減し、まともな海軍を持たないままにしていたのだ。150年足らずの間に若い共和国に2度も敗れた英国は、再び米国に反旗を翻し、ダーウェント社の遠心流ジェットエンジンをソ連に売り込み、ミグ15戦闘機に搭載して、朝鮮半島の米軍爆撃とストラフターに使用させたのだ。ダーウェント社のエンジンがなければ、ソビエトがジェット戦闘機を作るのに少なくとも15年はかかっていただろう。

今日、米英の「特別な関係」が我が国にもたらしたものを見て、深く疑念を抱く人々がいるように、エセックス・ジュントの時代には、英国メーソンの陰謀や策略を見抜く愛国者たちがいたのである。彼らはカレブ・クッシングとジョン・スライデルの裏切りを暴こうとしたのだ。

彼らは、当時の「自由貿易」経済政策、すなわちミルトン・フリードマンが「保守的」なレーガン政権に売り込むのを許した政策に警告を発した。

自由貿易は、わが国の経済を破壊するためにイギリ

スのフリーメーソンが仕組んだ陰謀である。海賊の
サムとジョージ・カボットやピッカーズなど、アヘ
ンと奴隷貿易の二重の不幸で財を成した、スコット
ランド儀礼に連なる裏切り者のベネチア黒人貴族の
歴史に、そろそろ幕を引くべき時ではないだろうか
。

McGeorge

Bundyの祖先は奴隷商人だった。ピッカー一家が中
国で莫大な利益を生むアヘン貿易に参入できたのは
、フリーメイソンのジョン・ジェイコブ・アスター
がきっかけだった。イギリス東インド会社、ローリ
ング、アダム・スミス、デイヴィッド・ヒュームと
いった、毒蛇の巣のような存在について、真実を語
る必要があるのです。アメリカ独立戦争でイギリス
軍の捕虜となったアメリカ人の食糧を盗み、それを
イギリス軍に売って巨額の利益を得て、アメリカ人
捕虜をひどい囚人船で飢えさせたのはローリングで
あった。

マチュー・キャリーの『オリーブの枝』を初めて読
んだとき、私は自分が何を読んでいるのか信じられ
ませんでした。しかし、何年もかけて、キャリーの
言ったことはすべて真実であることがわかりました
。

もう一冊、『マサチューセッツの名家』もおすすめ
です。ロリング家、ピッカー家、カボット家など、
フランスのオリガルヒ・カボットとスイスのプレヴ
ォストによって、この国に設立されたメーソンネッ
トワークの子孫である。

東海岸のアングロファイル・リベラル・エスタブリッシュメントが、こういうことの元凶だ。姓名とその歴史について、隠すために行われたことを延々と説明することができます。彼らの忠誠心は、フリーメーソンのスコットランド儀礼を通じて、ヨーロッパとイギリスの王室と寡頭政治にある。彼らは自分たちの歴史を否定することに成功したかもしれないが、それは彼らがメーソンの陰謀の中心地と密接に関係しているという証明された事実を変えるものではない。

現在、彼らはパリのセブンシスターズロッジと間接的に連絡を取り合っている。このロッジは、「ヨーロッパの王冠をかぶった首脳」の心臓部にまで届く、巨大な麻薬密輸作戦を展開しているのである。彼らは、スイス銀行連合会のロバート・ホルツバッハ会長のように、"主権は支払能力に代わるものではない"と考えている。

つまり、お金の力はあらゆることを超越しているのです。ホルツバッハは、旧世界と若いアメリカ共和国とを戦わせたマネーパワーの典型である。ホルツバッハは、サヴォイ家のイタリア王位復帰のために設立されたイタリア・メソニック・ロッジP2と密接に連携していた。スコットランドのRite-P2ネットワークのおかげで、誰のプライバシーも守られることはありません。アメリカ政府は、このような界隈にコネクションを持っている。スイスの銀行にあるあなたの番号付き口座は、すでに米国政府や他の利害関係者に知られている可能性があります。このことは一般に知られているので、お金を隠し

ている人はスイスの銀行には近づかなくなった。

アメリカのエピスコパリアン教会に所属する皆さんは、大主教のロバート・ランシーがフリーメイソンのスコティッシュ・ライトの最高評議会のメンバーであることをご存知でしょうか。もしそうでなければ、エリザベス・ゲルフから大司教として「承認」されることはなかっただろう。ランシー氏は、エリザベス女王と世界教会協議会の個人的な連絡係である。

スコティッシュ・ライトが我々の過去の歴史や、アメリカのあらゆる政権が下す内外の重要な決断に与えたかなりの影響は、国の最善の利益に対する損害という観点から測ることができる。南北戦争を計画したように、フリーメーソンのスコティッシュ・ライトは第三次世界大戦を計画している。誰がホワイトハウスを占拠しようとも、アメリカ情勢を動かす強力な力を把握しなければ、敵と戦う望みはないのだ。スコティッシュ・ライトの裏切り者の計画を阻止する唯一の方法は、彼らの活動を暴露することである。

そのためには、愛国者たちは、スコティッシュ・ライト、ひいてはすべてのメイソンが何を目指しているのか、すなわち既存の秩序の転覆、国民国家、特に共和制の憲法を持つ国家の破壊、家族の破壊、キリスト教の破壊を知らなければならない。このメッセージと、寡頭政治家や王族が私たちの問題に与える影響についてのメッセージを切り離すことは、私にとって非常に難しいことでした。本書『*King*

Makers and King Breakers: The Cecils』も入手し、フリーメイソンに関する本書と合わせて利用することをお勧めする。

第14章

共謀：一つの世界政府

フリーメーソン教団をはじめ、さまざまな名称で総称される秘密結社のように広大なテーマでは、フリーメーソンの起源を網羅的に扱うことは不可能である。したがって、本書の目的は、これらの破壊的な悪魔の出来事とフリーメーソンの関連性を強調することによって、現在世界を揺るがしている経済的・政治的出来事をよりよく理解するための資料を提供することである。ここで立ち止まらずに、あなたが数あるメイソン教団のうちの一つ、あるいは他の教団のメンバーであること、メイソンが立派な慈善団体であり、その議論や審議から政治や宗教の問題を追放していることを知っていることを、私に手紙で伝えてほしいのである。

問題は、下位のメイソンが上位のメイソンの行動を知ることができないことです。運動の構造の性質上、知ることができないのです。このため、トップの指導者は、メイソンの行動、目的、意図について、階層を誤解させることが比較的容易なのである。そして、もし偶然にも下位のメンバーの一人がトップに引き寄せられたとしたら、その人は死を覚悟で秘密を守ることを誓い、自分が知っていることを下位の兄弟たちやメーソン教団の外の誰にも決して明か

してはならないのです。この沈黙の誓いは、非常に
厳格に守られています。ここでは、フリーメイソン
に関連する多くのカルトや宗教的信仰に言及するこ
とを避け、英米のメイソンの側面にこだわることに
する。

イギリスのメイソンは、1717年にオペレイティブ・
メイソンのギルドとして設立され、スペキュラティ
ブ・メイソンと呼ばれるノンワーキング・メイソン
にも門戸を開き、イングリッシュ・グランドロッジ
と呼ばれる複合運動となったとする説が有力である
。旧ギルド・メイソンは1717年以前から何世紀にも
わたって存在していたが、繰り返すが、政治的な勢
力ではなかった。彼らは、自分の仕事をすること、
自分の技術や職業で生計を立てることだけを考え、
閉鎖的な工房という形で、つまり外部からの侵入を
防ぐために秘密を守っていたのだ。

最初のメイソン、つまり1717年以前のメイソンには
、アプレンティス、フェロー、マスターメイソンの3
つの学位しかなかった。ギルド・メイソンは合併に
際して大きな変更を許した。まず、儀式からキリス
ト教の神の名を削除した。ブルー・メイソンは当時
、事実上新しい運動であり、これによってクラフト
・メイソンとの協力関係に終止符が打たれた。つま
り、活動しない投機的なメイソンが完全に支配し、
古代の教団は表舞台から姿を消したのである。

この新しい秩序から、スコティッシュ・ライトとい
う過激で革命的なメイソン教団が誕生した。グラン
ドオリエント、すなわちヨーロッパのメイソンの儀

式を禁止しながら、イギリスのフリーメイソンはスコティッシュライトを禁止しなかった。この革命的儀式は、致命的なウイルスのように、イギリスとアメリカのすべてのメイソンの細胞をコントロールして、社会のあらゆる権力のレバーの運転席に乗り込んだのである。

英国メーソン界のほとんどの会員は第3級にとどまっており、一般に、上位の学位でその名の下に行われている悪事には気づいていない。それは、33degreeで教えられているように、メイソンリーを通じて国家を転覆させることであり、多くの33degreeのメイソンが多くの国で既存の政府を解散させる責任を負っている理由でもある。9度に達するころには、スコットランドの儀式メイソンの革命的性質が資格ある候補者にさらされる。

例えば、フランス革命やアメリカ革命、米国間戦争、最近ではジンバブエで、33度のフリーメイソンであるソマス卿が、「多数決」という不正な言葉のもと、ジンバブエを共産主義の暴君の手に渡したこと、イギリスとアメリカの指揮下にあるフリーメイソンによる南アフリカの全面降伏がそうである。

ソーマスは、イギリスの首相でフリーメイソンでもあったディズレーリが、スコティッシュ・ライトとグランド・オリエントのロッジについて特に語った「メイソンリーの決心者」の一人であった。

　　最後の瞬間にあらゆる手段を迂回させることができ

る秘密結社、至る所に諜報員を配置し、暗殺を促す決意のある人物などを考慮に入れなければならない。

確かに、メイソンが主張するような博愛主義的な社会には聞こえないし、実際、そうではない。なぜ、秘密結社が必要なのかという疑問が生まれます。アメリカはキリスト教の原則に基づき建国され、「人は光よりも闇を好み、その悪行を暗くする」と明言されています。これが秘密結社の本当の理由であり、根本的に彼らの行為は悪であると私は考えています。秘密が必要なのは、それ以外に説明がつかないのですフランス革命を動かした秘密結社について、あれこれ考える必要はないだろう。今日、すべての歴史家は、それがメーソン・ジャコビン・クラブであったということで一致している。

スコットランド儀礼最高評議会の非常に優れたグランドマスターであるドミニカ・アンガーが、33 degreeをこれから受けようとする新資格のメイソンに確認したときの言葉を紹介します。

ブラザー、あなたはフリーメーソンの指導者としての修行を終えました。至高の誓いを立ててください。私は、世界以外の祖国を認めないことを誓います。私は、あらゆる国の、あらゆる産業の、そしてあらゆる家庭の境界線を破壊するために、いつでもどこでも働くことを誓います。私は、進歩と普遍的統一の勝利のために人生を捧げることを誓い、神の否定と魂の否定を公言することを宣言します。そして今、兄弟よ、あなたにとって国も宗教も家族も、フリーメーソンの仕事の巨大さの中で永遠に消えてし

まったのだから、私たちのところに来て、私たちが
人類に対して持つ無限の権威、無限の力を分かち合
いなさい。進歩や幸福の唯一の鍵、善のルールは食
欲と本能だけだ。

それが、アメリカのメイソンを支配しているスコティ
ッシュ・ライト・フリーメーソン教団の本質であ
る。共産主義、フリーメイソン、イエズス会につい
て最も興味深いことのひとつは、それらをつなぐ歴
史上の著名人、つまりヴァイスハウプトの教えを自
らのオリジナルの「マニフェスト」として主張した
カール・マルクスがいることである。

マルクスは生涯にわたってイエズス会を猛烈に（し
ばしば暴力的に）擁護した。マルクスは、その接続
をする人です。マルクスはまた、フリーメイソンと
いう秘密結社を熱心に支持していた。このことは、
ほとんどすべての歴史家が「見落としている」重要
な関連性だと思う。この放置は、意図的に行ってい
るものです。社会主義が一つの世界政府を目指すた
めに利用されていることは否定できない。公然と宗
教を嫌うマルクスが、イエズス会を熱心に信奉して
いたことは興味深いことである。

イグナチオ・ロヨラは1541年4月5日にイエズス会を
設立し、後に教皇パウロ11世に支持されることにな
った。この教団は、6つの階級または学位から構成さ
れている点で、ややメーソン的である。教団の長は
、軍事階級、すなわち将軍によって知られ、すべて
のイエズス会員に絶対的で疑いのない忠誠を求め、
その結果、すべての事柄においてすべてのイエズス

会員に対して絶対権を握っている。総帥は、本会の会員でない者を公然または秘密裏に入会させる権限を有する。上司や学長は、毎週、関係者や接触したすべての人について総長に報告することが義務付けられています。イエズス会はローマ教皇に対する強力なカウンターパワーであり、その力は、イエズス会が可能な限り距離を置いている異端審問の場合のように、使うことをためらわないものである。ローマ教皇はイエズス会を常に疑いの目で見ており、1773年にはイエズス会が禁止されたほどである。プロイセン王フリードリヒ2世は、教皇に反抗して、自国の利益のためにイエズス会を保護した。

イエズス会とフリーメーソンとの関連に異論を唱える読者がいるかもしれないので、この問題についての最も優れた権威の一人であるヘッケトホーンが言ったことをここに引用しておくことにする。

> イエズス会もまた、靴を踏み、膝をつき、それはイグナチオ・ロヨラがローマでその姿を見せ、修道会の承認を求めたからである。

彼らは、告白、説教、指導によって前例のない影響力を得たことに満足せず、1563年にイタリアとフランスでいくつかの信徒会、すなわち地下礼拝堂やその他の秘密の場所での密会を形成した。分離主義者は、適切なカテキズムやマニュアルを持つ宗派の組織を持っていたが、生前に放棄しなければならなかったので、非常に少ない部数しか残っていない。

イエズス会は、カール・マルクスなどの革命家を強

力に支援することで、新世界秩序に貢献しようとしましたが、マルクスは、先ほど申し上げたように、イエズス会を猛烈に擁護したのです。イエズス会とフリーメーソンを擁護した他の著名人は、誤った経済理論の宣伝に利用されたイギリス東インドのスパイマスター、アダム・スミスとその共謀者、トーマス・マルサスである。二人とも、フランス革命とアメリカ革命を引き起こしたスコティッシュ・ライト・メイソン、シェルバーン伯爵の子飼いであった。実際、マルクスを含むこれらの人々が守っていたのは封建制度であり、それはアメリカ独立革命によって永遠に破壊されたのである。

ジェレミー・ベンサムは、アルバート・パイクのような悪魔崇拝の悪魔主義者で、共和制に反対していた。ベンサムの時代に世界を支配していたレンティア一族は、共和制の政府形態による人間の自由を危険視し、アメリカ独立から得られる大きな利益を無効にするために、あらゆる手段を講じようとしたのである。このフリーメイソンとの闘いは、2009年の今日まで続いているが、最終局面を迎えている。ワン・ワールド・オーダーの陰謀のリーダーは主にフリーメイソンであり、場合によってはブレジンスキーのようにイエズス会士であり、彼もまた水瓶座であることは重要なことである。(アクエリアン・コンスピラシーズのメンバー) 彼らは、ヨーロッパの黒人貴族とアメリカのいわゆる貴族が絶対に嫌うものであるアメリカ共和国を転覆させる闘いの先陣を切っているのです。

黒の貴族の家系は、イタリア（ベニス、ジェノバ、

フィレンツェ）、スイス、イギリス、バイエルンに住んでいる。ここには彼らの主要メンバーがおり、14世紀以来、あらゆる種類の人道に対する犯罪がここから計画・実行されてきた。

第15章

カール・マルクス概説

カール・マルクスは、実はこうした旧来の寡頭政治の一つを作り出し、ソ連は寡頭政治であると宣言していた。これらの寡頭政治国家には米国も含まれ、彼らは共和制を死活的な敵として、あらゆる手段で排除することを宣言したのである。

パイクは、民主主義の原理を持つ共和制には全く反対であると宣言していたが。その一つが、カルト教団や宗教団体の浸透に伴う宗教的狂信です。そして、彼らが破壊することを望んでいるのは、共和制の政府形態だけではありません。彼らは、米国全体が、東側エスタブリッシュメントの「貴族」が完全な独裁権を持つ封建制度に戻ることを望んでいるのだ。

アメリカの「陰謀文化」の中で、封建制を満足に説明した作家には一人も会ったことがない。このテーマについて書いてきた人たちは、その本当の意味を知らないということを証明しただけだ。このような精神から、私はあえてメイソンリーに直接関係する封建制を拡大解釈することにしました。

何世紀にもわたってヨーロッパを支配した暗黒時代

には、個人は無防備だった。生命を守ることが第一であり、人は強い者に隷属し、その代わりに自分を食い物にする者たちから身を守る。強い者はさらに強い者に盟約を結び、そこから封建制度が生まれたのである。男たちは、強いほうの軍隊に一定期間、例えば1年に50日間、兵役につくことを申し込んだ。

その結果、武士階級が生まれ、それが貴族階級となった。武器、馬、そして自分たちを守るための要塞が必要であり、それは「自由」な労働力のおかげで可能であった。要塞化された広場は、柵から堅固な石造りの建物へと発展し、その設計と施工は堂々たるものであった。

石工、石組、鍛冶屋、金属職人などが無償で労働力を提供し、これらの超巨大建造物を建設することが期待された。富の主な源泉は土地と、それを使って富となる商品を生産する人々の労働力であった。農奴の地位は何世紀にもわたってほとんど変わらず、ある者は荘園領主に支払いをしながら徐々に小作人となっていった。本人も家族も荘園領主の許可なく結婚することはできず、通常は税金を支払うことになる。彼は決して自由人ではなかった。

彼の自由を阻むのは、常にそこに留まることを強いる法律であった。つまり、動くことが許されなかったのだ。彼が死ぬと、最高の家畜は荘園領主の手に渡った。アルバート・パイクとその仲間のメイソンは、フリーメイソンの会員になったすべての人に「完全な自由」を約束した。

しかし、パイクの最も親しい友人であり協力者であったのが、産業資本主義体制を容認できないイタリアのメーソン指導者ジュゼッペ・マッツィーニ（1805-1872）であった。マッツィーニは悪魔崇拝者であり、イエズス会の司祭でもあったのです

マッツィーニは、「ヨーロッパ青年同盟」の創設者であり、やがてアメリカにも「ヤング・アメリカ」という支部を開設した。カール・マルクスは、1840年以降、マッツィーニの急進的なフリーメイソン運動の最初のメンバーの一人であったから、フリーメイソンがカール・マルクスを労働者を守る革命的人物に仕立て上げ、産業資本主義を打ちのめす棍棒として利用しようとしたことは明らかであろう。フリーメイソンを支援したイエズス会のマッツィーニは、実は共産主義の著名なフリーメイソンを集め、過激な「国際労働者協会」を設立し、資本主義に対するカール・マルクスのキャリアをスタートさせた。

それ以来、カール・マルクスが世間の注目を浴びることはほとんどなかった。マルクスが産業資本主義を憎むようになったのは、ロンドンで国際労働者連盟が設立され、マルクスがこう言って出てきた運命的な会合の後である。

　　　私は、産業資本の政治的な動きは、どこであろうと潰すと決意している。

マルクスはこうも言っている。

すべての悪は、産業資本の発達のせいであると言わなければならない。

マルクスは、このテーマを説かなかったことはない。フリーメーソンとイエズス会の二枚舌によって、私たちがどれほど苦しんできたか、読者にはおわかりいただけると思います。どちらの動きも、まだアメリカとの戦争が続いている。

これは、パイクやマッツィーニといった高級フリーメイソンの発表した意図の一部である。既存の秩序を転覆させることを、ヴァイスハウプトは1776年に着手し、イルミナティに命じたのである。帝国主義」という言葉は、国際労働者協会で作られたもので、1890年以降、かなり頻繁に使われるようになった。アメリカは世界最大の工業国となり、その驚異的な成長力のために、特にそのユニークな共和制の政治形態から、最も嫌われる国となってしまったのです。アメリカの寡頭政治の家系は、このような憎悪の風潮を維持するためにあらゆる手段を講じてきた。マルクスが「醜いアメリカニズム」と呼んだものの多くは、世界中で定着している。もちろん、レーニンの思想が限りなく帝国主義体制に近いこと、共産主義が寡頭制に基づく狭義の資本主義体制にほかならないことを指摘しようとは誰も思わなかった。それは決して本当の共産主義ではなかったし、今も共産主義ではありません。それは、少数の人間の手に全権力を握らせる、残忍な独占的性質の資本主義に過ぎない。

第16章

本編に戻る

若い学生時代、タキトゥスのアウグストゥス・シーザーの歴史を読んだことがある。不思議な気持ちでいっぱいになりました。きっとローマの人々は、自分たちがいかに退廃的で、ローマがすぐに消滅してしまうかを理解しているのだろうと思ったのです。なぜ、誰もローマの崩壊を止めるために何もしなかったのでしょうか?なぜ、アメリカにいる私たちは、アメリカが劣化していることに気づかなかったのでしょう。東側のリベラルなエスタブリッシュメントと英国寡頭政治との同盟が、この国をダメにしていることを、きっと国民は理解しているはずです?

私たちは、世界が知る限り最も素晴らしい共和国の最後の年にいることを、国民は理解すべきなのでしょうか。その答えは、アメリカ国民はローマ人と変わらないということです。彼らはそんなものは見ていない!また、私のような人間がそれを指摘するのも嫌なようです。「私たちのことは放っておいてください」と言わんばかりに。"アメリカは古代ローマではない"。私たちには憲法があります。私たちは強いのです。私たちは負けません。"

まさにそこがポイントです。あなた方、アメリカ市

民は憲法を持っているので、東側のエスタブリッシュメントはあなた方を脅威と見なし、排除するために日夜努力しなければならない。そして、聖書の次に偉大な文書である憲法はどうなったのでしょうか？踏みにじられ、脇に追いやられた！

フォークランド紛争と東側エスタブリッシュメントとの関連に注目したのは、私一人であったことは、しっかりと申し上げておきます。また、ローマクラブ、フェリペ・ゴンザレス、グローバル2000レポート、ニューアクエリアンエイジなどの多文化主義について書いたのは私が最初で、非常に長い間、私一人でした。現在では、これらの名前は多くの右派系出版物に掲載されているが、ほぼ10年間、これらの名前に関する情報は私のアーカイブからしか得られなかったのである。

フォークランド紛争は、イギリスの黒人貴族とイギリス女王エリザベス・ゲルフのために戦った、戦争である。アメリカは、真の自由の敵である彼らがアルゼンチンに勝利するのを助ける権利はないのだ。しかし、私たちは武器や救援体制など、考えられる限りの支援を英国に提供した。このような事態を避けるために、ジョン・クインシー・アダムスが有名なモンロー・ドクトリンを書いたことも知らないで、自分たちの巣を汚してしまった。

東側エスタブリッシュメント支配階級は、長い間、英国のカウンターパートと関わり、英国の侵略者を支援することによって、実際にモンロー・ドクトリンを破った。実際、彼らは、わが共和国を憎むこと

によって、モンロー・ドクトリンなどの文書をどうすればいいか知っていると主張し、フォークランド紛争では、「保守」レーガン大統領の下でそのページに軽蔑と嘲りを注ぎ、そうしたのである。

アメリカ国民と偉大な共和国の敵である東側エスタブリッシュメントは、モンロー・ドクトリンを侮蔑し、1812年に小さく不十分なアメリカ海軍がイギリス軍に勝利したことを否定したのである。このアメリカ海軍の大勝利は、スイス生まれの裏切り者ギャラティン（財務長官）が、アメリカ海軍の建設を全力で阻止した後に起こったものである。ギャラチンは、イギリス、スイス、ジェノバの黒人貴族とそのレンティア銀行家に仕え、若いアメリカ共和国の首を絞め、息の根を止めるためにあらゆる手を尽くしたのである。ギャラチンは、ジョン・クインシー・アダムスやベンジャミン・フランクリンとは正反対の人物であった。

ジョン・クインシー・アダムスとフランクリンがアメリカに仕えたのに対し、ギャラチンは、ウィルソン、ハウス、ルーズベルト・スティムソン、ノックス、ブッシュ、クリントン各大統領が、専制的で奴隷所有の単一世界政府を支持してアメリカ共和国を転覆させようとする陰謀者たちに仕えたのと全く同じように、イギリス、ベニス、ジェノヴァ、オーストリアの古い封建家にも仕えたのである。

話を1812年の戦争に戻そう。イギリスの軍艦とその代理人であるバーバリー海岸の海賊が自国の商船隊に対して行った野蛮極まりない行為の結果、アメリ

カはついにイギリスに宣戦布告したが、東側のエスタブリッシュメントには宣戦布告していない。小さなアメリカ海軍は、やがて強大なイギリス海軍を打ち破った。そしてついに平和を取り戻し、友好・航海・通商条約によりフォークランド諸島はスペインに、次いでアルゼンチンに割譲されることになった。

こうして、アルゼンチンはフォークランド諸島の法的所有権を得たのである。しかし、東側エスタブリッシュメントの召使であるジョージ・ブッシュ、ジョージ・シュルツ、アレクサンダー・ヘイグは、二度目にイギリスを破った勇敢なアメリカ人の記憶を無視し、イギリスのフォークランド侵略を助けるという裏切りによってモンロー・ドクトリンを破り、アメリカを再びイギリスとヨーロッパの封建制に奴隷のように従わせたのだ。そして、この冒涜を指揮したのはレーガン大統領である。

そう、私たちは英雄的な政治家であるジョン・クインシー・アダムスやモンロー大統領の名前を非難してきたのだ。私たちは、好戦的なイギリスの軍隊がわが半球に侵入するのを許しただけでなく、条約を結んだ友好国を打ち負かすのを助けたのだ。もし、まだイギリスがアメリカを支配していると信じていない人がいたら、彼らがアルゼンチンにしたことだけでなく、私たちの国、アメリカにしたことをよく考え直してほしい。モンロー・ドクトリン違反の責任者は反逆罪で裁かれ、有罪になれば罰せられるべきだった。

彼らは、英国を我々の半球に入れたときに、米国共和国が象徴するすべてを裏切ったのだ！」。そういうことだったんですね。誰か見ていたのでしょうか？誰か止められなかったのだろうか。私たちはローマ人と同じように盲目なのでしょうか？

第二のケースでの答えは、バビロンの大淫婦、東側エスタブリッシュメントの金の権力が、彼女のヨーロッパの主人の命令通りに行動するのを止められるほど、アメリカでは大統領を含めて誰も強くないということである。私たちは、速い上昇気流に乗せられ、一つの世界政府によって圧倒される運命の日に向かって急速に推進されている。この猛烈に押し寄せる潮流を止めることはできない。私のように何年もこのことを書き続け、何が起こっているかを正確に知っている者でさえ、悲劇を止めることはほとんどできないのです。ローマが陥落したように、アメリカも陥落する。

私たちは、共和国の最後の年を迎えようとしています。しかし、それを察知する者はほとんどいない。タキトゥスが述べるように、カエサル・アウグストゥスも他の誰も、ローマが陥落していることに気づかなかったのである。

私たちの衰退の主な立役者は、イエズス会のメイソンと、アメリカの東側組織、イギリス、ベネチア、ジェノバ、スイスの黒人貴族との絡み合ったリンクである。サッチャー夫人とヘンリー・キッシンジャーが、モスクワとの秘密取引を通じてアメリカを裏切ろうとしたことは、それを証明している。

東側エスタブリッシュメントとソ連の間に密約が存在するという私の信念は関係ないと思われるかもしれないので、アメリカ共和国史上最悪の裏切り者の一人、いわゆる「青い血」の裏切り者、マクゲオル・バンディについてお話ししましょう。この研究所は、故コージン首相（1904-1980）の娘婿であったKGBのエージェント、グヴィシャニ（Alexei Dzhermen Gvishiani）と共同で、最初の研究所の一つ「国際応用システム解析研究所」を設立した。McGeorge Bundy氏は、マルサス派のフリーメイソンの宿命的な教義を強く支持しており、この教義は現在、欧米諸国の経済を殺しているのだ。マクジョージ・バンディは、コシジンと同じようにスコットランド学派のフリーメイソンのメンバーである。

マクジョージ・バンディは、ソ連との核のパリティを達成しようとするアメリカのあらゆる努力に反対し、ほとんど全員がフリーメイソンだったパグウォッシュ軍縮会議の参加者とともに、アメリカの防衛力に計り知れないダメージを与えた。バンディは、キッシンジャーとともに、SALTを推進するパグウォッシュ派と手を組み、彼らが最終的にアメリカを弱体化させることを知っていた。

マクジョージ・バンディもキッシンジャーも、アメリカ独立戦争と1812年戦争でワシントンと戦った同じスイス、ドイツ、イギリスの黒人貴族に売り渡した。黒人フリーメイソン貴族がアメリカ共和国と戦い続けているのと同じように。

マクジョージ・バンディ、キッシンジャー、ハリマン、ロックフェラー、キャボット、ロッジ、ブッシュ、カークランド（現在の組合幹部で、曾祖父がサムター要塞で最初の発砲をして共和国の破壊を始めた）、ローウェル家、アスター家、その他東側エスタブリッシュメントの一族は、どこで反共和国の信念と考えを得たのだろう。

その答えは簡単だ。シェルバーン伯爵（ウィリアム・ペティ、1737-1805）は、英国秘密情報部のトップでスパイの達人、そしておそらく最も重要なのは、狂信的で極秘のスコットランド・フリーメーソン教団のトップであることだ！
シェルバーン伯爵は、英国秘密情報部のトップである。この点からも、「一つの世界政府」という社会に向かって進むアメリカのみならず、世界全体の情勢を形成する上で、フリーメーソンが果たした重要な役割を再認識することができるのである。

ボストン、ジュネーブ、ローザンヌ、ロンドン、ジェノバ、ヴェニスで、アヘンや奴隷貿易で巨万の富を得た「オールドマネー」の名家の心、精神、哲学を支配したこの主謀者、シェルバーンとは誰だったのだろうか。シェルバーンは、東部リベラル派のエスタブリッシュメント全体と、その他多くのいわゆる名士や有力者の心を支配していたことは確かである。

私が初めてシェルバーン卿に言及したのは、20年ほど前のことである。当時、右翼の出版物や作家で、

アメリカ独立戦争に反対を唱えたイギリスの独裁的な青い血に言及した人はいなかった。

シェルバーンは、何よりもまずスコットランド式のフリーメイソンであり、イギリス、フランス、スイスのイエズス会と強い結びつきがあった。彼は、イギリスの首相ウィリアム・ピットだけでなく、テロリストのダントンやマラー、アーロン・バー率いる東側エスタブリッシュメントの反逆者たち、イギリスの東インドスパイから経済学者になったアダム・スミス、その誤った概念の潮流が西洋経済を破滅に導いているマルサスのコントローラーでもあったのだ。

第17章

フリーメイソンの長、シェルバーン

シェルバーン卿は、15
世紀のルネッサンスの結果、人類が受けた恩恵を最
も破壊した人物であり、キリストが教えたキリスト
教の理想、我々の社会的・道徳的政治的理想、憲法
に体現されている個人の自由という概念を最も裏切
った人物である。

つまり、シェルバーンは革命、奴隷制度、そして一
つの世界秩序につながる新しい暗黒時代の準歴史的
な父なのである。シェルバーンはルネサンスを嫌い
、憎んでいた。彼は、庶民はシェルバーンが属する
上流階級に仕えるために地球上にいるに過ぎないと
考えていた特亜のファンであったことは間違いない
。また、産業資本主義を嫌い、封建制を熱烈に支持
し、カール・マルクスにとってほぼ完璧な模範とな
る人物であった。

さらに、アメリカの外交政策を司る王立国際問題研
究所の前身である三度呪われたロンドンの王立協会
、ニューヨークの外交問題評議会を設立したのもウ
ィリアム・ペティであった。ロンドンの王立協会と
その子孫である王立国際問題研究所、ニューヨーク
の外交問題評議会は、いずれもフリーメイソンの学

者ロバート・フラッドの著作とイエズス会のバラ十字教に基づくものである。

王立協会を支配したフリーメイソンには、他にエリアス・アシュモールとアクトン卿がおり、彼らはメイソン指導者の中でも非常に高い地位にあった。これらの人々は、共に、あるいは別々に、イギリスの首相ウィリアム・ピットやジョン・スチュアート・ミル、パーマストン卿、そして後にH.G.ウェルズやジョン・ラスキン（ラスキンはセシル・ローズやアルフレッド・ミルナー卿の指導者）、さらには悪名高いフランス革命の勃発時にジャコバン派を率いたフリーメイソンなどの行動をコントロールしていたのである。

ボーア人の小共和国に対して、イギリス軍の威信をかけて野蛮なボーア戦争を始めたのは、ミルナー卿であった。彼はシェルバーンと同様、共和制を嫌っていた。これらのフリーメイソンの著名人は、あらゆる国に計り知れない荒廃と悲惨さ、痛みと苦しみ、経済の混乱を引き起こしたが、その教えが彼らを鼓舞し、すべてを可能にしたシェルバーン伯爵ウィリアム・ペティであったことを忘れてはならないだろう。

シェルバーン伯のウィリアム・ペティは、繰り返すが、何よりもまずフリーメイソンであったことも忘れてはならない。33   degree
フリーメイソンの儀式は、神は存在しないと教えているが、古代の邪悪なカルトの多くを語っている。メソポタミアやエジプトは、こうした邪悪なカルト

が行われていた土地であり、西洋ではシェルバーン伯爵が報告し、今日のローマクラブや水瓶座がモデルとしている、古代より存在するものである。彼らは、バアルの神官によって子供を引き離され、モロクの鉄の腕の中で生きたまま焼かれ、バアルの名誉のための生贄とされた母親のことを、何とも思っていなかったし、慈悲もなかったのである。

こうした「狩猟採集社会」と呼ばれるものは、現在でもフリーメーソン教団の一部に見られる。ヨーロッパ王室の有力者が所属するディオニュソス教団、マグナ・マター、イシス、アスタルテ、邪悪で卑劣なカルデア教団、ルシファー教団、あるいは最近ルシウス教団と呼ばれている、ロバート・マクナマラ、サイラス・バンス、その他多くの東側組織の著名人が属しているカルトなど、間違いなくあらゆる悪を体現しているのである。

(多くの高位フリーメイソンが属しているカルト、つまり「一つの世界政府」の秩序に関係するカルトは他にもたくさんあるので、順次紹介していこうと思う)。

しかし、新世界秩序・オーガリアン時代のユートピアを実現するために、現代のフリーメイソンが何をしているかを詳しく説明する前に、アメリカ独立戦争、南北戦争、そして最近の歴史上のメイソンたちを振り返ってみたい。

私は、アメリカ共和国に対する憎悪の赤い線が250年以上にわたって我々の歴史を貫いてきたこと、そし

てその憎悪は、新しい暗黒時代の黄昏が地球とそこに残されたすべての住民を暗く沈める前にアメリカが最終局面を迎える今日、これまで以上に強くなっていることを示したいと思っています。

その詳細を説明する前に、キリスト教に対する憎悪は中世よりも2008年の方がさらに強くなっていることをお伝えしておこう。今日の東部エスタブリッシュメント・フリーメーソンの売国奴の目的と対象は、国際社会主義の政策とほとんど違いがないことは言及に値します。"我々の
"裏切り者は常にベネチアの裏切り者と協力してきた。実際、ウラジーミル・レーニンを生み出したのは、アメリカの「青い血」とヨーロッパのブラック・ゲルフ派と手を組んだ者たち、特にスコットランド律のフリーメイソンであるアルフレッド・ミルナー卿であった。

先ほども言ったように、ボルシェビキ革命は、大国を転覆させ、奴隷にすることに成功した無名の運動ではありません。むしろ、1776年にイエズス会のアダム・ヴァイスハウプトが主導したカトリック教会との戦争から始まったフリーメイソンの計画・陰謀の結果であったのだ。ロシアを共産化する計画は西側から来ただけでなく、それを実行するために必要な莫大な財産も西側から来たのである。

ところが、ジョージ3世による隷属のくびきから自らを解放するための闘いに乗り出したアメリカの入植者たちを支えたのは、他でもない彼ら自身だったのである。イエズス会が支配し、多くのフリーメイソ

ンを含むカナダのカトリック教会は、1776年の戦争中、裏切り者のアーロン・バー（元アメリカ副大統領）に協力し、アメリカの大義を裏切る重要な役割を果たした。このことは、過去の多くの大統領を思い起こさせる。

バーをイギリスのスパイとして渡航させたのは、カトリックのイエズス会であった。また、イギリス、スイス、ジェノバの首脳がアメリカに派遣した人物に、フリーメーソンのアルバート・ギャラティンがいた。彼は、新しい国の権力機構に入り込み、内部から破壊を開始したのだ。ポール・ボルカーは、米国史上最も激動の時代に連邦準備制度理事会の元議長を務め、2009年からはオバマ大統領の経済顧問を務めている人物である。

フランス革命のスパイマスターであり黒幕であったマスターメイソン、ウィリアム・シェルバーンは、危険な新アメリカ共和国が世界の模範となる前に根絶やしにしようとする闘いに従事するすべての人々の活動を調整したのである。その敵の中に、大陸会議委員会のロバート・リビングストンがいた。シェルバーンは、1783年に英国軍に参加していたグランド・マスター、ウィリアム・ウォルターから、新しいグランド・マスター、リビングストンにリーディング・スコティッシュ・ライト・メイソンの称号が受け継がれるように手配した。

リビングストンは、ニューヨーク・グランドロッジのグランドマスターに就任し、現在も世界の主要な富を支配するロンドン-ヴェネツィア-

ジュネーブ家のために働き続けた。この極悪非道な集団の中に、ヒルハウス、ピッカリング、トレイシー、プラマーという上院議員がいた。彼らは皆フリーメイソンで、連邦から脱退するよう各州を説得する上で主導的な役割を果たした。先にも述べたように、彼らは皆フリーメーソンであり、彼らの腹心であり陰謀の共謀者である駐米イギリス大使のアンソニー・メアリーも同様であった。マスター・メイソンのバーは、ルイジアナをイギリスのために奪取する計画が失敗したため、裏切り者であることが露呈すると、ロベルト・カルヴィがイギリスのスコティッシュ・ライト・メイソンの友人のもとに逃げたように、イギリスのメイソンの友人のもとに逃げ込んだのである。しかし、いわゆる「友人」に殺されたカルヴィとは異なり、バーはシェルバーン伯爵から英雄的な歓迎を受けた。ちなみに、バーの旅費を出したのは、ジョン・ジェイコブ・アスターである。アスターはシェルバーンが信じていたこと、つまり悪魔のようなカルデア教団の崇拝に完全に同意していた。この教団は、歴史上のある時期にはペルシャ帝国全体を支配していたほど強力な教団であった。カルデア教団は、キリスト教の聖書で広く非難されている。

イギリス、ジェノバ、ベニス、スイスの家系は、フリーメーソンのシェルバーンを率いて、若いアメリカ共和国をつぶした人たちの子孫である。マレット、ピット、ダンデス、ギャラティン、そしてアメリカではリビングストン、ピッカリングといったアヘン貿易に汚染された一族と、ハーバードの裏切り者の巣が、東側エスタブリッシュメントの自由主義者

とその先祖の中核をなしており、250年前にシェルバーンの指示通り、アメリカを憎んで潰そうと完全に考えているのだ。

この事業に最も執念を燃やしたのが、イギリスの「経済学者」であり、フリーメイソンの第一人者であるトーマス・マルサスであった。マルクスがヨーロッパのイエズス会・メイソン会の陰謀で作られたように、マルサスも彼らが作ったのです。

マルサスは、イギリス東インド会社（現在の国際通貨基金に相当する、原料の回収と資産の清算を行うイギリスの植民地組織）に仕えるスパイであった。しかし、マルサスが知られるようになった誤った経済の前提を書いたのは、実は同じフリーメイソンで、ベネチアの銀行家オルテス家のオルテス伯爵であった。

アメリカのベンジャミン・フランクリンの活動に怒ったベネチアの黒人貴族は、フリーメーソンのオルテスにフランクリンの著作への反論を依頼し、報酬を支払って執筆させた。つまり、「実を結び、増やせ」という聖書の教えを支持したのである。フランクリンは、経済的な繁栄は人口の増加によってもたらされると主張した。狩猟採集民のメンタリティーを持つ黒人貴族は、一般的な群れの一部だけを残して奉仕すべきであると考えていた。

彼らは大量虐殺を信じていた。そして、ローマクラブが「グローバル2000」のアジェンダのアイデアを導き出したのも、この考えからだった。オルティス

の「貴族」のための著作は、非常に反米、反フランクリンであり、彼の思想は、ウィリアム・ピット首相など他のフリーメイソンによって取り上げられ、発展、拡大した。後に、マルサスは、スコットランド律のフリーメイソン、シェルバーン卿から奨学金を得て指導を受けたのだった。マルサスはその後、フランクリンの著作と真っ向から対立する『人口について』を執筆した。

第18章

マルサスとベンジャミン・フランクリン

マルサスはベンジャミン・フランクリンの研究を嫌っていた。彼は、フリーメイソンのフレデリック・ランドバーグが出版したこの裏切り者のリスト「アメリカの60の家族」に載っているのと同じ家族から軽蔑されていたのだ。

こういう家庭は、自分たちがアメリカの究極の姿だと思っている。彼らは、誰が生き、誰が死ぬか、そしてアメリカの運命を決める固有の権利を持っていると考えているのです。

この60家の子孫たちは、アメリカ共和国を破壊し、その名残をすべて打ち砕くために奮闘したのである。その先人たちは、先人が残したものを引き継いで、今日も同じことをやっている。もし私たちが生き残るためには、この宗派間の膿瘍をアメリカの体から切除しなければならないし、早ければ早いほどよい。

私が話したほとんどのアメリカ人は、フォークランド紛争で私たちが受けた屈辱と恥辱の大きさをほとんど理解していませんし、イラク戦争の悪化を通じ

て私たちが受け続けている恥辱も、当然ながら理解しています。私たちはイギリスのフリーメイソンに立ち向かい、「いや、偉大なアメリカの愛国者の記憶を決して裏切らない」と言うべきだったのだ。その代わりに、アメリカやイギリスのメイソンがジョン・クインシー・アダムスの墓を踏みつけ、彼の墓石の周りで勝利の儀式を行うことを許した。私は当時、フォークランドへの裏切りを嘆き、2009年の今、イラク戦争での名誉への裏切りを嘆きます。私たちの歴史の中で最も暗いページの一つです。忘れてはならないことです。私たちは、フォークランド諸島からオリガルヒファミリーとアメリカの運命の支配者を追放し、正当な所有者であるアルゼンチン国民に返還するために努力しなければならない。1812年戦争以前にイギリス海軍に捕らえられ、奴隷となったアメリカ艦隊の2万人の船員の記憶が甦るまで、私たちは休んではならないのだ。

英国の「貴族」によるフォークランド諸島の支配を許す限り、偉大な米国人、ジョン・クインシー・アダムズの名前と記憶を再び崇めることはできないだろう。そうしない限り、神を畏れるキリスト教国家を名乗る勇気はないだろう。私たちを最も苛立たせる3つの裏切りとは、フォークランド、南アフリカ、ジンバブエです。この犯罪は、フリーメーソン運動の有力者が計画し、実行し、アメリカ政府のその召使が実行したものである。

アメリカ独立戦争や共和党と戦い、その後の悲劇を次々と計画し、もたらしたのは、今日の東海岸リベラルの祖先である「60家」であり、サタンが支配す

るカルト主導の国連はその最たるものであった。キリストの純粋な福音の代わりに、メーソン、グノーシス、バラモン、イルミナティ、イシス、オシリス、ディオニュソスのカルトを私たちに与えたのは、これらの一族とその先祖です。

これがリベラル・エスタブリッシュメントのメンバーです。この人たちは、スコティッシュ（アメリカ）・ライトという古くから受け入れられてきた地下のフリーメイソンを我々に与えた人たちで、公式に設立されたのは1929年だが、実際には1761年に設立され、したがって、若いアメリカ国家に対する戦争で非常に活発に活動していた。ところで、有名な歴史家であるレディ・クイーンズボローは、この儀式が古代のカバラを起源としていると述べていますね。

メイソンを詳しく研究したアルバート・マッキーはこう言っています。

> 石工は、人間が発明し、神父が管理し、悪魔が住む儀式によって、人間に救いを約束する。それは、地上のすべての偽宗教の総体であり実体であり、最終的にはキリストに対抗して団結することになるのです。しかし、メイソンが恐れる唯一の敵は、サタンを崇拝することを拒んだキリストと、その信奉者たちである。

メイソンが約束した「救済」は、1812年にアメリカ共和国の破綻を招き、1861年には40万人以上の犠牲者を出した、いわゆる「南北戦争」という恐ろしい戦争を引き起こしそうになったが、この事実は（ア

メリカで唯一認められている）既成歴史家たちは決して強調してこなかった。この恐ろしい犠牲者は、第一次世界大戦と第二次世界大戦で亡くなったアメリカ兵の数を上回っているのです歴史学者と呼ばれる人たちは、この重要な統計を隠蔽しようとするので、この事実についてよく考え、記憶しておくことだ。

そして、この国家間の恫喝的な戦争の口実は何だったのだろうか。表向きは、黒人の解放のために戦争が行われたということになっていますが、今では大多数の人が、それ以外の理由があったことを知っています。

興味深いのは、北部の奴隷所有の一族が、自分たちが非難することで財を成したということだ。彼らは奴隷貿易と中国へのアヘン貿易を結びつけ、オックスフォードの青い血の貴族、ハーバード卒の貴族、ボストンとその周辺の「貴族」たちがそうやって財産を蓄え、その子孫たちが今日もこの麻薬貿易に携わっているのである。しかし、奴隷制度、アヘン貿易、「オリンピアン」、麻薬漬けの「支配階級」などは置いておいて、本題に入らなければならない。

繰り返しになるが、アメリカのエリート「ロイヤルファミリー」を自認する家系は、いずれもアヘンや奴隷貿易で財を成していたのである。*アメリカの60家族*の著者にそう言って、邪魔をしないように見ていてくださいもちろん、ラントバーグ氏は、自分の有名なクライアントのことを暴露しようとは思っていない。ここで、南北戦争後の出来事に目を向けた

い。南北戦争は、カレブ・クッシングやロイド・ギャリソンなどを通じて、最初から最後までフリーメイソンの陰謀によって扇動され、指示されたものだった。

米国間戦争で頂点に達したアメリカ破壊の陰謀の扇動者が、対立する両陣営のスコティッシュ・ライト・メイソンであったことは間違いないだろう。リンカーン大統領暗殺もイエズス会・フリーメーソンの陰謀であったことは、一応触れておく必要がある。

このフリーメイソンとベネチアの黒人の貴族であるコンタリーニ家とパラヴィチーニ家、そしてイエズス会のスパイ組織は、東側のエスタブリッシュメント家とイギリスのセシル家の共謀なしにはリンカーンを暗殺することはできなかったのだ。こうして、ロバート・フラッドのイエズス会バラ十字派は、アメリカ国民、憲法、共和国に勝利し、彼らの「戦利品」の一つとして大統領の暗殺を喜んだのである。

では、アメリカを破壊し、一つの世界政府を樹立しようとするフリーメーソンの陰謀の動機は何だったのだろうか。その動機は、共和国の理想、すなわち農奴制や、ベネチア、ジェノヴァ、イギリスの旧家が行使する封建的権力から人間を解放するという考えに対する憎しみ、深く狂信的な憎悪であった。

共和制のもとでは、人々は投票権を行使して、同意できない決定に異議を唱える自由があるという考え方は、自称リーダーたちには全く受け入れがたいものだった。彼らは、今もそうであるように、庶民の

運命を決める唯一の権利は自分たちにあると信じている。だからこそ、個人の自由を重視するキリスト教が彼らの憎悪の対象となり、また、こうした旧家の多くが、今日の麻薬取引を愛するように、奴隷取引やアヘン取引を愛したのである。人間は、彼らにとっては、単に搾取される奴隷以外の何物でもない。かつてメッテルニヒ公が言ったように、"私にとって、人類は男爵から始まる
"のです。ちなみに、メッテルニヒはキッシンジャーのヒーローであり、ロールモデルであった。これらの旧家は、本物の生きている神を信じていないからこそ、このようなことができたのです確かに、英国王室のように、神やキリスト教に対してリップサービスをすることはある。しかし、彼らは神が存在するとは信じていないのです

それ以上に、この東部エスタブリッシュメント一族の連動した力、ベニス、ロンドン、ジェノバ、ボストン、ジュネーブ、ローザンヌ、ベルンなどのイエズス会・スコットランド・バラ十字会の銀行家たちは、産業資本主義に基づく産業成長と技術に基づく商業社会をほとんど激しい執着で憎んでいたのだ。

ローマクラブ、モンペラン協会、シニ財団、ビルダーバーガー、そして三極委員会、王立国際問題協会、外交問題評議会、水瓶座を通して、目に見える要素で見る統一世界のための陰謀の原動力、存在意義は、まずキリスト教の破壊にあるのである。そして、産業革命後の社会では、何百万人もの「無駄飯喰らい」が不要になるため、彼らの計画では、人口の大幅な削減が必要になるのだ。

ベラジオ宗教間会議、グローバル2000レポート、フリーメイソンの最秘密ロッジ「クアトール・コロナティ」の存在とローマクラブの暴露、ゼロ成長とポスト工業化社会、エルサレムで岩のドームモスクへの攻撃を皮切りに聖戦を開始する計画など、私の「初体験」は数多くあります。

その他、「*ジョン・F・ケネディ大統領を暗殺したのは誰か*」「*P2メーソンの陰謀*」「*ローマ法王ヨハネ・パウロ1世を殺したのは誰か*」「*ロベルト・カルヴィの殺人*」「*イスラエルのレバノン侵攻におけるヘイグの役割*」などが明らかにされています。今日、黒人貴族とそのアメリカ「貴族」の下僕としてのフリーメイソンの陰謀は、十分に進行しているのである。20年前に私が予言したように、鉄鋼、造船、工作機械、靴の産業はすべて破壊され、同じことがヨーロッパで起こっている。

グローバル2000の報告書については、アフリカの飢餓の国々に食料を否定することによって、何百万人ものアフリカの黒人が死んでいるのです。また、数千人がHIV/AIDSで死亡しています。大魔王、フリーメイソンのバートランド・ラッセルと「ストレンジラブ博士」レオ・シラード、そして彼の悪魔崇拝者シャクティ・イシュタール教団が望ましいと宣言した限定戦争は、イラン、中米、南アフリカ、中東、フィリピンなどで進行中です。

私の答えは、キリスト教の聖書には、"神は彼ら（アダム以前の人々）を見て、彼らが繁栄していないことを知った

"と書かれていることです。神が私たちを送ったのは、この人たちが地球での役割を果たすのを助けるためです。それが何であれ、私には見当もつきませんが、彼らを殺すためではありません。シラードと友人のバートランド・ラッセルは、ラッセルが1923年に出版した『*産業文明の展望*』の中で述べているように、戦争が十分な人間を駆逐していないことを嘆いていた（これはその抜粋である）。

> 社会主義、特に国際社会主義は、人口が定常状態かそれに近い状態でなければ、安定したシステムとして成り立ちません。緩やかな増加であれば、農法の改善で対応できるが、急激な増加では、いずれ人口全体を減らさなければならない。

ラッセルの誤った概念は、悪魔的なマルサス原理に基づくものであり、国民国家、共和制、伝統的な商業ベースで運営される資本主義産業国家への憎悪に基づくものである。1951年、ラッセルは『*科学が社会に与える影響*』を書いたが、この本が主張する最も重要な考え方を紹介しよう。

> 戦争はこの点（人口削減）では今のところ期待はずれだが、もしかしたら細菌戦の方が効果的かもしれない。一世代に一度、黒死病（中世のペストやHIV）が世界中に広がれば、生き残った人たちが自由に子孫を残すことができ、世界をあまり豊かにすることもない。その状態は不愉快かもしれないが、それがどうした？最高位の人は、幸福、特に他人の幸福に無関心である。

自称平和主義者のラッセルは、メイソンの偽預言者

であり、CND（核軍縮キャンペーン）のリーダーで
あった。

彼は東部エスタブリッシュメントのイエズス会、フ
リーメイソン、バラ十字会、アメリカ黒人貴族のメン
バーの予言者の声だったのです。世界のリーダー
を自任する者たちは、時に傲慢になり、口をつぐむ
ことができなくなる。中世に世界を席巻した「黒死
病」についても言及しています。

ペストは、人の死を責めることはよくあるが、もち
ろん神は人殺しではないので、「神の御業」ではな
かったが、30年間の研究による私の考えでは、今日
の「オリンピック選手」の前身である「300クラブ」
による意図的な行為であったと考えている。これは
決して突飛な説ではありません。

尤も、まだ証明はしていないが、無視するにはあま
りにも多くの手がかりや藁のようなものがある。映
画『ストレンジラブ博士』でシラード博士がフィク
ションとして描かれているように、現在共謀者が保
有し、映画『アンドロメダ・ストレイン』で描かれ
ている致死性ウイルスも、その映画ではフィクショ
ンとして描かれている。しかし、それはフィクショ
ンではありません。14
世紀から錬金術師や黒人の貴族が医学的な実験を行
っていたことを見逃してはならない。

ミオシンが全く効かない致命的なウイルスは、現在
CDCに厳重に保管されている。公式発表とは異なり
、これらのウイルスがすべて焼却されたわけではあ

りません。

これで、私の予測が単なる空言でないことがお分か
りいただけると思います。21
世紀には、コレラ、マラリア、結核などの新型の致
命的な疫病だけでなく、何と呼べばいいのかわから
ない新しい奇妙な疫病など、多くの「黒い災い」が
発生するでしょう。パンデミック（伝染病）が地球
を襲い、何百万人もの人々を巻き添えにすることを
、誰も警告されていなかったとは言わせない。何し
ろ、「300」の目標が明確に打ち出されているのです
から。1969年、ローマクラブの創設者であるアウレ
リオ・ペッチェイの言葉を思い起こせばよい。

"人間は世界の癌である"。

第19章

フリーメーソンはキリスト教と両立するのか？

何世紀にもわたって、フリーメーソンは、この運動がキリスト教と完全に互換性があるように見せかけようとしてきた。「メイソンがクリスチャンであることを妨げるものは何もない」というのは、フリーメイソンの最も古い声明の一つである。この本では、私が新約聖書と呼ぶキリスト教と、その最も手強い敵であるフリーメイソンとの比較を試みます。私が収集できた証拠は、主にメイソンの親族や元メイソンから得たもので、彼らは身元を明かさないことを条件に私に話してくれた。メーソンの秘密保持の誓いを破る者は、そのような違反の究極の罰は、ほとんどの場合、死であることを知っています。

何千冊もの本が、メイソンのために書かれ、またメイソンに反対するために書かれています。カトリック教会は、メーソンに断固として反対してきた。プロテスタント教会は、残念ながらこの危険な敵に対して、本来あるべき姿の団結がなされていない。ここでは、より最近のメーソンリーに関する調査を取り上げることにする。1952年、私はウォルトン・ハンナの『Darkness Visible』という非常に興味深い本に出会った。

本書は、何世紀にもわたってメイソンを守ってきた秘密のベールを突き通そうとする人にとって、非常に貴重なものである。同じ著者であるウォルトン・ハンナは、後に「キリスト教徒はフリーメイソンであるべきか」という論文を発表している。"キリスト教内のフリーメイソンであるR.C.メレディス牧師は、メイソンの秘密に対するこの挑戦を受け入れました。メレディス牧師は、「フリーメーソンもキリスト教徒であることを証明せよ」と大胆にも教会に挑んできた。

オックスフォードで学んだメレディスは、左翼界で活躍し、1930年代に大流行したさまざまな親左翼の討論会に参加した。イギリスの歴史の中で、社会主義者であることが粋で、フェビアン社会主義が盛んで、ソ連のために働くことが流行した時代であり、ブルワー、リットン、アルフレッド・ミルナー、キム・フィルビーを生んだ時代でもあるのです。ミルナーグループは、やがて現在の王立国際問題研究所（RIIA）に発展していく。

メレディス牧師は、英国国教会の調査団を結成して、メイソンの調査を行うことを大胆に提案した。1951年の教会総会での彼の提案は次のようなものであった。

> ウォルトン・ハンナの論文が広く知られるようになったことに鑑み、その論文におけるハンナ氏の発言を検証するために、比較宗教学の分野で有能な人物をメンバーに含む委員会を任命し、その中で述べられているすべての事柄に司教座の注意を向けること

が必要であろう。

メレディスが間接的にでもメイソンを宗教として言及しているのは、非常に興味深いことである。メレディス氏は、自分の決議が通ること、そして英国国教会の有力な地位にある何百人ものフリーメイソンによってメイソンが清算されることを確信していたので、提案された調査に対して制約を加えることさえしなかったのである。これは非常に珍しいことでした。フリーメイソンが教会に自分たちの秘密結社を調査することを許可する場合、それは通常、最も厳しい制限付きであり、調査の結果は、メイソンとキリスト教会は確かに両立する、という当然の結論になるのである。1952年にウォルトン・ハンナの本が出版されて以来、英国国教会の様々な総代会で、メイソンの誓いの真の性質、メイソンの不可欠な部分としての秘密の必要性、メイソンの真の役割、その一般活動と秘密活動の範囲について関心が高まっている。メイソンが課している沈黙の錠を破り、その暗い秘密を明らかにしようとする人たちは、しばしばルーデンドルフ将軍の言葉を引用する。最近では、メーソンは「一種のマフィア」「商業や行政に携わる者が急速に進歩するための唯一の方法」とも言われている。

この方向で実際に進展があったとき、つまり教会の調査が成功したと思われるとき、マスコミのジャッカルは「魔女狩り」と叫んだ。メイソンリーの真の姿を語ること、メイソンリーの温和な顔から仮面を剥がすことは、危険なビジネスとなったのです。メイソンは虐待の疑惑に対して、常に「良いことをし

た数百万件の悪い例の一つに過ぎない」という言い訳で対応してきた。

マフィアやメイソンの不吉な側面が公然と語られることはなかった。だからこそ、メイソンはメレディスの決議についてあれほど大胆に考え、それが通ることを知っていた--
そして、実際にそうなったのである。1984年に出版されたスティーブン・ナイトの『ブラザーフッド；メイソンの秘密の世界』は、すぐにこのような反応になった。評論家、文学者、宗教家たちは、この優れた本を「調査が不十分で、未確認のデータに満ちている」と呼んだ。

メイスンを説明しようとすると、面倒な作業になる。米国だけでも350万人近い非公式会員を擁し、世界最大の友愛団体であることは間違いない。メイソンが初めて公に姿を現した1717年以来、このテーマについて書かれた書籍や短編は5万冊以上にのぼる。

世界のどの世俗的な組織よりも多くの憎しみを生んでいる。モルモン教、カトリックの男性は入会できません。国によっては禁止されています。ヒトラーやムッソリーニ、後にはフランコ将軍によって、メイソンは違法とされた。ロンドンのメトロポリタンヒエラルキーは、基本的にメーソンである。

フリーメイソンには、エドワード7世、エドワード8世、フレデリック大王、ノルウェー王ハーコン、ポーランド王スタニスラウスなど、多くの王や権力者が名を連ねている。

メーソンの宣誓をしたアメリカ大統領は、以下の通り。ジェームズ・モンロー、アンドリュー・ジャクソン、ジェームズ・K.ポーク，ジェームス・ブキャナン，アンドリュー・ジョンソン，ジェームス・A．ガーフィールド、セオドア・ルーズベルト、ウィリアム・ハワード・タフト、ウォーレン・C.ハーディング、フランクリン・D・ルーズベルト、ハリー・S・トルーマン、リンドン・ジョンソン、ジェラルド・フォード、ロナルド・レーガンの各氏。

音楽の分野では、「セントルイス・ブルース」の作曲者ウィリアム・ハンディ、ジョン・フィリップ・スーザ、ギルバート＆サリバン、シベリウス、そして「魔笛」でメーソンの秘密を暴露したために殺害されたウォルフガング・アマデウス・モーツァルトなどがフリーメイソンであった。

ナイトの本を批判した人の中には、メイソンがその暗黒面や悪行、歴史の流れに与えた影響に関するデータを決して確認しないことを指摘した人は一人もいなかった。マッツィーニは、国際地政学におけるメイソンの悪事や悪行を確認することもあったが、それは歴史的な文脈、すでに知られているデータの中でのみであり、これらの出来事におけるメイソンの影響を常に暗示しながら、その役割を厳密に科学的に確認することは決してなかった。

政府や警視庁の上層部、特に犯罪捜査部（CID）に不当な影響力があり、刑事の90％以上がフリーメイソンであるというナイトの主張を信用させないために、ナイトの全く正しい告発に反論するために、英

国大評議会が選んだのは、スコットランド騎士団の最高幹部の一人、ヘールシャム公であった。イギリス大法官は、その職権と威厳をもって、ロンドン・タイムズ紙に手紙を書き、ナイトの発表を嘲笑し、軽蔑したのである。ヘールシャムの後援会事務所は「寵愛を受けた石工」で溢れかえっていた。ヘールシャムほどの人物がタイムズという由緒ある機関に手紙を出したのだから、世間はヘールシャムがメイソンを代表して否定したことは正しく、ナイトは間違っていると認めたのである。ナイトの根拠のある告発に、事実上反論したのである。このように、さりげない手段で、メーソンは自分たちを守っているのです。ナイトは確認されたデータを提示していないので無視できると言うことは、フリーメーソンの力と浸透力を証明するものです。これは、イタリア、フランス、ドイツと同様に、アメリカにも当てはまります。

ナイトの不正確さを示す証拠として、フリーメイソンは、第二次世界大戦中のMI5のトップであったロジャー・ホリスのケースを挙げている。ホリスは確かにフリーメイソンで、重要な軍事機密をソ連に渡していた。彼は、ロジャー・ホリスの二枚舌を暴いたもう一人の優れた作家、ピーター・ライトの著作を出版しようとするフリーメーソンの手の込んだ企てに遭った。

ホリスは、アメリカやイギリスの軍事機密をソビエトに届けた人物で、生涯フリーメイソンだった。この人物と、米英をソ連に裏切ったことについては、簡単にしか言及できない。

ライトはタイムズへの手紙では信用を落とせないので、SISの「ジェームズ・ボンド」チームは、彼を永久に黙らせようとした。ライトはオーストラリアに逃げ、そこでお偉いさんたちに保護された。ライトは、ロジャー・ホリスの暴露本をオーストラリアで出版するために全力を尽くした。しかし、スコットランド・フリーメーソンの長い腕がイギリスからやってきて、最も怪しげで複雑な理由によって、イギリスの司法長官がオーストラリアに行って、この本の出版に対してオーストラリアの裁判所で反論したのである。フリーメーソンはこれを否定し、証拠書類がないことを理由に否定しているが、私が最も信頼する英国シークレットサービスの関係者によると、英国とオーストラリアのメーソンが共同でライト阻止のために手を組んだという。この本は、カナダで印刷され、数ヵ月後にはオーストラリアでも印刷されることになった。今回、フリーメイソンは、真実が明らかになるのを阻止することができなかった。

一方、ロンドンでは、3つの新聞がイギリスの検閲を無視し、ライトの本の抜粋を掲載しはじめた。イギリスの報道検閲は、「D Notice」と呼ばれるものによって非常に効果的に実施されている。内務大臣が、ある本や物語、記事が国家にとって有害である、あるいは国の利益にならないと判断した場合、出版社、雑誌編集者、新聞社などに、当該記事の掲載を禁止する「D通達」が出されるのです。D通告」に従わない場合、司法長官は違反者を起訴する権利を有し、裁判所は通常、厳しい罰則を科す。

そんな英国で守られている「言論の自由」「報道の自由」の権利。ロンドンの新聞社3社は、ライトの作品の掲載を禁止する「D通達」に従わなかったとして起訴された。司法長官は、「報道の自由」の権利を行使した彼らの行動を、意図的かつ明白な法律違反と評した。ライトに反対したのは、亡くなった33（ ）度のメーソンを全容解明から守ろうとした最高度のフリーメーソンばかりだった。"文書が乏しく、確認されたデータがない"？"可能性
"と言っても、実際に起こったことが歴史となるわけですから、"確認
"できることはほとんどありません。

ジョン・F・ケネディの暗殺と、その弟エドワードのチャパキディックでの行動について、私たちは皆、真実を知っています。でも、「確認済みデータ」？彼らは今後99年間、法律上のファイルや裁判記録に閉じ込められるのだ!それがエスタブリッシュメントのやり方だ!メイソンも同じです。自分たちを守ってくれる!

例えば、ロンドン市警のジェームズ・ペイジ長官の場合。メイソン派は、彼の急速な昇進はメイソンのスポンサーによるものではないと主張する。なぜなら、彼が秘密の兄弟団に加入したのは、コミッショナーになってからだからである。もちろん、ロッジの秘密はロッジの秘密のままだ。ペイジがまだ若い警察官だった頃、メイソンに入会したと誰が言えるだろうか。もちろん、嘘つきかそれ以上とみなされる「信用できない」元メーソンだけだ!ペイジは、前例に倣えば、警視総監になるずっと前からロッジの

メンバーだったようだ。

そして、世界の金融の中心地であるロンドンのシティに常駐する政府のエージェントのケースである。ナイトをはじめ、私を含め、その最も影響力のあるメンバーが有力なフリーメイソンであることはよく知られている。しかし、ナイトさんがあえてその名前を挙げたところ、「彼らはメイソンではない」「ナイトさんが言った日にギルドホールロッジの会合に出席していない」と公式に否定された。

そのため、ナイトよりもメイソンの方が信じられ、ナイトは「重大な不正確さ」で非難された。私は、大きな権力と影響力を持つ立場にあるメイソンが、攻撃されると隊列を崩すのを前に、「証拠書類と確認データ」を提供するというテーマで話を進めました。ギルドホール・ロッジのメンバーは、ナイト氏の「メイソン兄弟団がいかにロンドン市、ひいてはウェストミンスターを支配しているか」というプレゼンテーションに対して、「事実無根だ」という反応を示した。

ナイトは、世界中の英国ロッジのメイソンの記録が、調査員に対してどのように「封印」されているかを説得力を持って説明している。ロジャー・ホリスの場合、ナイトもライトも極東メーソンの記録を閉じており、メーソンはホリスがメーソンであったことを否定するだけで十分であり、両著者は「確認資料の欠如」を理由に信用を失墜させた。結局、大衆は比較的無名の作家よりも、ケント公のエドワードを信じる傾向があるのです。エドワード7世を退位さ

せ、その失脚をウォリス・シンプソン夫人のせいにすることができたメーソンは、2人の優れた著者の著作に「事実無根、確認データに欠ける」というレッテルを貼ることは比較的容易であったといえる。

フリーメーソンに関するもう一つの非常に優れた暴露本が、ウォルトン・ハンナが執筆・出版した『闇の可視化』である。この暴露本は、英国国教会の階層の下にいるフリーメーソンの主要メンバーだけでなく、いわゆる文学評論家や自称「専門家」からも非常に厳しい攻撃を受けて、そこでフリーメーソンを擁護しているのである。フリーメイソンで使われているイニシエーション・テキストや儀式の出所を調査することは、それ自体がライフワークであり、おそらくその場合でも、フリーメイソンのイメージを損なうような情報公開に対しては、結束の固い友愛会によって「確認データの欠如」とレッテルを貼られることだろう。

過去30年にわたるメイソンの広範な研究によって、私は「友愛」について多くのことを学んだ。最も重要なことは、入会の誓い、テキスト、入会の儀式でさえ完全に文書化するには、比較宗教学の真に公認された専門家数人の力を結集する必要があるということである。このように、メーソンはその巨大な事業の性質上、常に浸透しがたい秘密で覆われ続けることができたのである。

不吉な兄弟関係を立件するのは至難の業だ。多くの人が試行錯誤を繰り返したが、一般的には、メイソンの実態を暴露した何十冊もの驚くべき本にもかか

わらず、メイソンは比較的無傷で済んでいると言ってよいだろう。

もし世論調査をしたら、政治家を当選させるために政治的な動機で作られた世論調査ではなく、一般の人々の70%が、フリーメイソンは地域社会に多くの良いことをする思いやりのある社会だと言うだろうと信じるに足る理由があります

1951年の英国国教会総会での討論で、フリーメイソンの行う「博愛」と「慈善」活動が、人々のメイソンに対する印象の最前線にあり続けることが明らかになった。様々なチャリティーのための街頭募金などの「チャリティー活動」は、お金を出すのはフリーメイソンではなく一般の人々なので、実は全くチャリティーではないことを指摘した本がいくつもある。もし、メイソンロッジが公に定期的に多額の寄付をすれば、その慈悲深い顔は本当の仮面ではないかもしれない。なぜ、このような秘密結社が存在するのか、その秘密結社の裏側で何が行われているのか、といった疑問は、多くの情報通の一般市民は抱かない。".

そうでなければ、夫がロッジの会合に出ている女性が、オメルタの方針はおろか、メイソンの厳格な秘密保持法、クラフトの学位、ロイヤルアーチについて何も知らないはずだからだ。もし、彼女が好奇心旺盛で、根掘り葉掘り質問しても、夫は豪華な宴会やチャリティー募金活動を教えてくれるだけで、しかも、何も教えてくれないのです。フリーメイソンの本当の姿について、世間の認識が真実からかけ離

れているのも無理はないでしょう

第20章

フリーメイソンはいつ、どこで、どのように誕生したのでしょうか。

フリーメーソンに関する文献は、ほとんどの公共図書館の書棚を埋めている。ただし、真実に不快なほど近づいた著者の作品は手に入らない。図書館の人に聞いても、「うちにはない」「しばらく前に取り下げた」という答えが返ってくる。

現代」メイソンとソロモン王、ドルイド教の間には何の関係もないことを証明すると主張する本がたくさんあります。ある司書が私に言ったように、これらの「メイソンの専門技術書」は、メイソンとイシスやディオニソスなどの古代エジプト崇拝との関連に常に暗雲を漂わせているのだ。

ウォルトン・ハンナでさえ、科学者としてはフルコミットメントに消極的である。ハンナは著書『クリスチャン・バイ・ディグリーズ』の中で、こう述べている。

> もし、現代のメイソンが、自分たちが正当な後継者である古代の神秘の執事や守護者であると主張するならば、実際の印やシンボルにも、驚くほどの類似性や類似性があることだけは認めざるを得ないだろ

う。しかし、象徴主義を特定し、教条化することは非常に難しい。今日のフリーメイソンとメイソンの秘儀は、メイソンの秘儀と多くの共通点を持つ古代の秘儀や宗教と大きな類似性を持っていることは、ほとんど注目に値しないだろう。

図書館には、メイソンと薔薇十字団のつながりを否定しようとする本がたくさんあるが、メイソンを真剣に研究している人なら、そのつながりが非常に強いことを知っているはずだ。ロジャー・ベゾムト卿はエジプト式のハイディグリーメイスンであり、神智学やバラ十字教に深く関わっていたことは確かな事実である。英国王室を例に挙げてみましょう。チャールズ皇太子やケント公など、多くの会員が薔薇十字教に関与している。どちらもメイソンであることを否定する人はいない。フリーメーソンは、「どこで、なぜ、いつ、どのように生まれたのか」という3つの問いに、きちんとした答えを出したことがないのです。メイソンはこれまで、自分たちはキリスト教に対抗するために作られたのであって、宗教ではない、ときっぱりと否定してきたが、これから見ていくように、その否定も限界にきている。

グランドロッジ図書館・博物館の司書兼キュレーターで、メイソンの弁明者であるジョン・ハミルは、次のように述べています。

> 現代のロッジは、17
> 世紀に存在したロッジと非常によく似ています。

彼の考えるメーソン史は次のようなものである。

1717年6月24日にイングランド・グランドロッジが結成され、1751年にライバルのエルダーズ・グランドロッジが正式に設立されたこと、そしてこの2つのライバル・グランドロッジが1713年12月27日に統合して、現在のようなイングランド・グランドロッジ連合が結成されたこと。

しかし、ハミルはなぜ秘密結社が必要なのか、その理由を教えてくれない。

❖　　　フリーメイソンとは？
❖　　　なぜ、男は彼女に近づこうとするのか？
❖　　　参加したら義務を負わなければならない組織の正体は何なのか？

フリーメイソンとは何なのか、何千冊もの本に書かれているにもかかわらず、私たちはまだ完全に知らないことがたくさんある。1850年代初頭、イギリスのグランドロッジは「すべての候補者が知っておくべきこと」と題するパンフレットを発行し、その中で次のようなことを述べている。

> フリーメイソンとは、中世の石工職人に歴史的に関係する人々の社会であり、彼らは彼らから私的な認識手段、儀式、習慣の多くを受け継いでいる。そのメンバーは、兄弟愛（マルクス主義の思想-JC）、救済、真理という古来の原則を、自分たちの間だけでなく、広く世界との関係においても、儀礼上の戒律や実例を通して堅持しているのだ。

もし、これが本当に意味のある説明であれば、正直なところ、その真意は私にはわからない。しかし、

ハミル司書はこう言って、より詳細な「説明」を試みている。

> 入会希望者は、フリーメーソンの基本原則が兄弟愛、相互扶助、真理であることを、メーソン歴のごく初期に学びます。

そして、マルクス主義を兄弟愛と同列に扱おうと、次のように述べている。

> 他人の信念や理想を尊重する寛容さを促進し、優しさと理解とともに寛容さを尊重する世界を構築するという意味での兄弟愛。思いやり、それはお金だけを与えるという意味でも、それに限定した意味でもなく、広く社会全体のために時間と労力をお金（ただし決して彼らのものではない-
> JC）を与える慈善的な意味での思いやりです。真実とは、高い道徳基準を持ち、あらゆる面で自分の人生をできるだけ正直に歩むという意味での真実です。簡単に言えば、フリーメイソンは自分の神（どの神かは特定されていない-
> JC）と自分の国の法律に対する義務を教えられるのである。

メイソンリーとは何かということについてのこのような不合理な説明は、残念ながら一般大衆の大多数が信じていることである。この高貴な人々の団体に見られる最も顕著な例外、例えば、最も高い信奉者の何人かの道徳性、メイソンリーからではなく公的寄付による慈善事業、国の法律の無視、すなわちフランス革命やボルシェビキ革命を指摘すると、断固として否定されるか、ロベルト・カルヴィの場合の

ように、これは100年に一度の「顕著な例外」だという事実に直面します。フリーメイソンのスポークスマンは皆、秘密結社が宗教であることを否定している。1985年、ユナイテッド・グランド・ロッジの一般目的委員会は、『フリーメイソンと宗教』という小冊子を発行した。

その他の否定的な意見として、委員会は以下のように述べています。

> フリーメイソンは宗教でもなければ、宗教の代用品でもない。フリーメイソンには宗教の基本的な要素はないが、宗教に無関心であるかというと、そうでもない。

> 宗教的な実践に干渉することなく、各メンバーが自分の信仰に従うこと、そしてどんな名前であれ自分の神への義務を他のすべての義務に優先させることを期待しています。したがって、フリーメーソンは宗教の支持者である。

グランドロッジのワーキンググループはさらにこう述べている。

> フリーメイソンは、その儀式が宗教の実践と同等でないことを知っている。

これほど大胆で恥知らずな嘘はないだろう。メイソンは宗教であるだけでなく、何よりもキリスト教の破壊を目的とする反キリスト教的な宗教である。

❖   祭壇、寺院、礼拝堂を中心とした儀式を行うメイソンが、どうして無宗教であるという主張を正

当化できるのでしょうか。

❖　　　　メーソン文献にそのように明示されている祈りなどが、なぜ第一級のエミュレーション儀式で唱えられるのでしょうか。

この「無宗教」の祈りについて見てみましょう。

> あなたの力を貸してください。全能の父よ、宇宙の最高統治者よ、本大会において、このフリーメイソン候補者が、私たちの間で真の忠実な兄弟となるよう、その生涯をあなたの奉仕に捧げ、聖別することをお与えください。あなたの神聖な知恵の技術を彼に与え、私たちのメーソニック技術の秘密（強調）に助けられ、あなたの聖なる名前の名誉と栄光のために、真の善の美しさをよりよく発揮できるように。

もし、それが宗教でないなら、この世のものは何もないのです答えるべきは、「メイソンリーとはどんな宗教なのか」ということだ。".

セカンドディグリーでは、本当の祈りがあり、それは次のように定式化されています。

> 慈悲深い主よ、私たちに代わって、また、あなたの前に跪く者たちに代わって、あなたの助けが続くことを祈ります。あなたの御名によって始められた仕事が、あなたの栄光のために続けられ、あなたの戒律に従うことによって、私たちのうちにますます堅固に確立されますように。

メイソンが祈る神がサタンであることは、33

degreeに到達した者以外のすべてのメイソンには注意深く隠されていますイエスの名は常に非常に具体的に除外されています。私たちの主キリストは福音書の中でこう言っています。

私のためにならない者は、私に敵対する。

第三学位には、新会員に神と天の祝福を呼びかけるもう一つの祈りがある。

全能で永遠の神、宇宙の設計者であり支配者であり、その創造的な意志によってすべてが造られた。

メイソンは非常に慎重で、すぐにそれとわかるキリスト教の祈りを自由に使う一方で、キリスト教に言及することは細心の注意を払って避けています。この「祈り」からキリストの名を排除するという特異な行為によって、メイソンはイエスの存在と権威そのものを否定しているのである。しかし、なぜキリスト教の祈りをコピーして、キリストの名前を絶対に削除するのでしょうか？このような行為は、メーソンが反キリストであることを示しているのではないでしょうか？

私は、メイソンが反キリストの振る舞いを表していると固く信じています。さらに、これはメイソンがそもそも「なぜ」設立されたのかという疑問に対する答えでもあるのですメイソンが反キリスト教であるという私の主張の裏付けとして、次のようなロイヤルアーチの祈りの開会式を紹介します。

全能の神よ、すべての心を開き、すべての願いを知

り、いかなる秘密も隠さない方、あなたの聖霊の霊感によって私たちの心の思いを清め、あなたを完全に愛し、偉大にすることができますように。

英国国教会の信者であれば、この全くキリスト教的な祈りはすぐに理解できるだろう。この「メーソンの祈り」の意味は、「私たちの主イエス・キリストを通して」という非常に重要な言葉が削除されていることである。

キリストは、自分を否定する者は反キリストであると言われました。この祈りからキリストの名を取り除くことで、メイソンはキリストを蔑視していることを示すのである。したがって、彼らはサタンの反キリスト勢力の中に数えられる。

ロイヤルアーチの閉会式では、キリスト教の有名な祈りである「地上において最高の神に栄光を、善意の人々に平和を」が使われるが、この言葉が主イエス・キリストの福音から取られたものであることには触れていない。私の考えでは、そしてフリーメーソンを真剣に学ぶ多くの人々の考えでは、前述の宗教活動の例は、メイソンが宗教ではないという主張を否定し、宗教であることを世間に証明するものである。

私からの挑戦状に対して、グランドロッジはこう答えました。

　...フリーメイソンは宗教でもなければ、その代用でもなく、その儀式にキリストの名が言及されるべき理由はない。

もしあなたの言うことが正しいのなら、つまりメイソンが宗教ではないのなら、なぜあなたはキリスト教の聖書から祈りを引用し、神殿や祭壇に絶えず言及し、キリスト教の聖書のフレーズを使いながら、あなたがコピーしたそれぞれの祈りからイエス・キリストの名前を削除してその存在自体を否定するのですか」と問いかけることで、この否定に対する答えが得られるに違いないのです。"メイソンの「祈り」がキリスト教の典礼に基づくことが多いのは、決して疑う余地もありません。では、なぜメイソンは宗教であることを否定し、クリスチャンからコピーした祈りからキリストの名を鋭意削除しているのでしょうか。

祈りはメイソンの儀式に不可欠なものであり、メイソンが宗教であることを否定できるわけがない。メイソンは、自分たちの祈りには礼拝の要素がないと主張する。しかし、儀式の責任者は　　　"Worshipful Master"と呼ばれています。[6]　、私が引用したメーソンの祈りが礼拝の行為ではないかどうか、あなたの判断にお任せします？不思議の国のアリスを除いて、メーソンの祈りが「礼拝」と区別されると信じられる人はいないでしょう。ここで、もうひとつの重要なポイントがあります。

仮にメイソンの主張する「祈り」「礼拝」「無宗教」の区別が認められるとしても、彼らの「祈り」の源であるキリストの名前とイエス・キリストの福音

---

[6]ウォーシップル・マスター、NDT。

書が意図的に省略され、また「主イエス・キリスト
を通さなければ誰も神に近づくことはできない」と
いうキリスト教の基本信念が省略されたことは、キ
リスト教に対する冒涜であることは明白であろう。

彼らはキリストの神性を否定しています。それは間
違いありません。では、どうしてキリスト教徒と称
する人がフリーメイソンになれるのでしょうか？キ
リストは「人は二人の主人に仕えることはできない
」と言われました。メイソンの儀式を受け入れるこ
とで、メイソンは事実上、主の存在を否定している
ことにもなる。その結果、人は彼に反対しながら、
彼のためになることはできないのです。

フリーメイソンが「宗教でもなければ、宗教の代用
品でもない」ことを否定することは絶対に不可能で
ある。その証拠に、圧倒的な強さを誇っています。
また、フリーメーソンの擁護者は、キリストの名前
を除外することによって、キリストを拒絶していな
いという証拠を示すことができません。これは単に
意図的な除外ではなく、省略による意図的な侮辱な
のです。メーソンの弁解者たちは、「私たちの祈り
は礼拝の行為ではなく、儀式の冒頭で祝福を求め、
最後に受けた祝福に感謝する行為に過ぎない」と言
うのです。宗教的な礼拝とどう違うのですか？

という明白な事実があるのです!メーソンの儀式では
神の名が繰り返し登場し、しばしば、宇宙の偉大な
建築家（第一階級）、偉大な測量者（第二階級）、
最も高く、全能で、永遠の神（第三階級）、最高神
などの特徴的な言葉で表現されます。GAOL）（宇

宙の偉大な建築家）。その神々とは誰なのか？

メイソンは至高神を崇拝しているのか、それとも時々言われるように、至高神を信じることだけを崇拝しているのか？神の名の暗示がなければ、メーソンの儀式はありえない。先に紹介したメーソン総合委員会発行の「宗教のフリーメーソン」というパンフレットには、メーソンの神についてこう書かれていて、つじつまが合っている。

> フリーメイソンは、至高の存在に対する共通の尊敬のもとに集まっているが、至高の存在はそれぞれの宗教にとって至高であり、宗教を統一することがフリーメイソンの任務ではないからである。

西洋世界は、一部の人が好むと好まざるとにかかわらず、キリスト教であるため、メイソンは中立的な宗教間礼拝に大きな問題を抱えているはずである。キリストが神の子として卓越しているという宗教の本質から、私たちは逃れることができない。メイソンは、他の宗教を「怒らせない」ことを望んでいると主張する。キリストの名を排除しているのに、どうしてそんなことができるのか。ユダヤ人の排他主義的なフリーメイソンであるブナイ・ブリス（契約の息子たち）を怒らせないために、彼を排除しているのだろうか。何百年もの間、メイソンは他の宗教を「怒らせない」ように努めてきたが、儀式の祈りからキリストの名を排除することで、キリスト教徒を怒らせることを躊躇しない。

宗教間交流は、キリスト教が後回しにされることで

、初めて成功するのです。従って、キリスト教徒はメイソンになれない。キリスト教の切り捨てを認めるか、メイソンを辞めなければならない。メイソンが高位の学位に到達する前に、多くの人が、祈ることは自分たちの宗教の神に祈ることだと信じている。しかし、彼らがメーソン階層という「閉ざされた店」にたどり着けば、その祈りは明確にサタンに向けられたものであることに疑いの余地はないだろう。

キリスト教に秘密はない!字が読める人なら誰でも、メシアの到来を告げる喜びの福音を読むことができる。なぜ、メイソンは秘密主義が必要なのでしょうか?メーソンの信条とそれに付随する儀式には、「秘密のパスワード」がたくさんあります。

欺瞞でない限り、なぜそうしなければならないのか。だから、「複合語」「I am and I will be」という言葉をよく耳にするのです。

フリーメーソンは、キリスト教を支持する義務はないと言っています。では、なぜフリーメーソンは、キリスト教を支持しないのに、キリスト教の特徴をこれほど多く借りているのでしょうか。ホーリーアーチの儀式は、おそらく他のどの儀式よりも「神聖な言葉」が使われています。ホーリーアークの儀式の中心は台座である祭壇で、その上部には「聖なる言葉」が掲げられている。フリーメイソンが宗教であることは、その主張とは裏腹に、神聖な言葉の宣言が行われた時点で明らかである。ここで、フリーメーソンがキリスト教と対立する宗教であることは

議論の余地がない。

いわゆる「クラフト・メイソン」の集大成である「ロイヤルアーチの儀式」を見てみよう。

> それは、将来の存在状態において、私たちにとって最も身近で最も大切なものすべてと密接に関係しており、そのすべての論考において、神と人間の問題が非常に恐ろしく、かつ微細に織り込まれている。その目的は美徳であり、その目的は神の栄光であり、人間の永遠の幸福は、その計り知れない神秘のあらゆる部分、点、文字に考慮されているのです。それは、聖なる名前、J-----
> hに基礎づけられていると言えば十分でしょう。J-----
> hは、人類の歴史の初めからあり、現在も、そしてこれからも、永遠に同じものであり、その本質において、すべての有効な完成において、それ自体で必ず存在する存在であり、オリジナルである。

この最高の学位は、そのメンバーに神についての最高の考えを抱かせ、最も純粋で敬虔な敬虔さへと導き、宇宙の永遠の支配者、そのすべての原理の素朴で原初の源、そのすべての美徳のまさに起源と源である不可解なJ-----hへの崇敬を抱かせる。

謎」の言葉「J-----
h」は、「神聖」な名前である「Jabulon」です。エホバと交換可能な合成語である。

フリーメーソンは、キリスト教に対する秘密の対抗勢力、政治的事件をコントロールできる革命的な秩

序を構成することを主要な機能とする宗教であることは間違いないだろう。

第21章

フリーメイソンと英国王室

上記に加えて、メイソンにはいわゆるキリスト教の学位、例えば、メイソン伝説で非常に重要なコンスタンティンの赤十字、ロシクロスがあることを発見することができる。

英国王室も会員である薔薇十字団の位を得るには、フリーメイソンのAncient Accepted Rite of Freemasonryの17度の会員であることが必要である。コノート公爵とケント公爵は、両方の騎士団に所属していると言われている。コノート公爵は20年間、イングランド・グランドロッジのマスターを務めた。このロッジの他のロイヤルファミリーには、エドワード7世がいます。

1920年8月5日に大書記が書いた手紙によると、ジョージ1世[er]　、アメリカ独立時に王だったジョージ3世は、ともにイングランドのグランドロッジに所属していたそうです。上記レターによると.

> ...フリーメイソンに入会する者は、最初から、社会の平和と秩序を破壊するような行為を認めないよう求められている。

グランド・ロッジのメンバーであったシェルバーン伯爵が、ダントンとマラを訓練し、フランスに放ち、フランス革命の混乱の種をまいたことを考えると、これは驚くべきことである。エドワード7世は、1939年にドイツと戦争をしないために、仲間のメイソンたちが彼を排除しようと決めたからだ。ここでもまた、宗教を強く連想させることに注目したい。「すべてのイングリッシュ・ロッジは、その聖別時に、神と神の奉仕に捧げられる。最高神への信仰を表明しない限り、誰もメイソンにはなれない」と、1905年に事務総長が書いている。1938年、メイソンの活動に対する懸念が高まり、再び攻勢に転じた。ここでもまた、最高神への信仰が最優先された。

事務総長は1938年の声明でこう述べている。

> ロッジでは、聖書がいつでも開かれています。聖なる法の巻と呼ばれる。各候補者は、この本、またはその人の特定の信念によって、この本で行われた宣誓や約束に神聖さを与えると考えられている巻物に、自分の接着を偽造することが要求されます。

このことから、「聖典」はおそらく聖書だけではないことがわかる。聖書は純粋に装飾的な目的を持っており、下級会員（1～4級）のために存在する。メイソンを真剣に研究している人なら誰でも知っているように、秘密結社は17
世紀に流行し、1920年代後半から1930年代前半にかけて社会主義者になるのが流行したのと同じようなものである。1747年4月まで、メイソンは街中を行進していたが、グランドマスターの命令により、地下

に潜ることになった。1698年には早くも「To   All Godly   People   in   City   of London」と題するパンフレットが配布され、読者に「このままではいけない」と呼びかけている。

　…彼らの秘密の儀式や誓いがあなたがたに及ばないように注意し、誰もあなたを信心から遠ざけることがないように見てください。確かに人は、神の仕事を成し遂げるために、誰にも見られないように気をつけながら、秘密の場所と秘密のしるしで会わなければならない。

パンフレットに書かれていた「秘密」とは？当時も今も変わらない、メンバーシップを証明するためのサイン、握手、言葉。この秘密のサインは、中世の石工たちが「部外者には技術を伝えない」と誓い、特定の握手などで職人仲間として認識していたことに由来すると言われている。何も変わっていない。現在、石工がフリーメイソンの一員である可能性は低いが、彼らの握手は、認識の主な証であることに変わりはない。しかし、今日のフリーメイソンはそれだけではなく、会員が最も恐ろしい種類の死の誓いによって秘密を誓約する、非常に不吉な秘密結社である。

キリスト教社会が、「沈黙の掟」に違反したら恐ろしい死を招くと脅して、「沈黙の掟」を押し付けることはないことは明らかである。メイソンは、下級学年の会員を、キリスト教に基づくものだと欺くかもしれないが、1723年、長老派のメイソン牧師であるジェームズ・アンダーソン博士は、次のように述べている。

> したがって、彼ら（一揆のメンバー）には、特定の意見は自分たちに任せて、すべての人が認めるこの宗教を信仰するよう強制することがより好都合であると考えられたのである。

1813年、グランドロッジはその立場を次のように表明した。

> 人がどのような宗教、礼拝様式を持っていても、天地の栄光ある建築家を信じ、道徳という神聖な義務を実践する限り、その人はこの秩序から排除されることはないのです。

こうして、キリスト教と完全に対立する世界的な宗教観が確立されたのである。

この概念は、すべての宗教が大建築家という全体的な概念に集約されると仮定しているため、反キリスト教的なものである。キリストはこの方法を特に非難された。

したがって、フリーメーソンはキリスト教と相容れず、まさにキリスト教と対立する宗教であると結論づけることができる。

1816年、フリーメイソンに存在しうるすべてのキリスト教を排除し、あらゆる宗教の人々がロッジの儀式に参加できるよう、普遍的な神の概念を促進するために、フリーメイソンが設立された。先ほどの長老派の牧師であるジェームズ・アンダーソン博士は、イギリスでフリーメイソンの儀式の「再構築」を実行した。

G（reat）A（rchitect）O（f）T（he）U（niverse）と
その啓示された意志を信じることは、会員になるた
めの不可欠な資格です。

フリーメイソンでは、男性を招待したり勧誘したり
することはないとしています。新しくメイソンにな
った人が受け取る冊子「*会員指導のための情報*」に
は、*次のように書かれています*（22ページ）。

不適切な候補者勧誘の問題については、これまでに
も何度か指摘されており、この件に関する声明は有
用であると考えます。フリーメイソンにふさわしい
と思われる男性に、中立的な言葉でアプローチする
ことに異存はない（強調）。一旦アプローチした後
、呼び戻されることに異存はない（強調）。

このように、メイソンは新入会員を勧誘するだけで
なく、一度声をかけた人を「呼び戻す」こともある
のです。パンフレットはこう続く。

そして、それ以上勧誘することなく、候補者自身に
決断を委ねるべきである。

この「新会員勧誘に関するアドバイス」は、1981年1
2月9日に開催された総務委員会で採択されたもので
す。したがって、入会希望者が自分の意志で入会し
たと署名しても、それが真実とは限らない。一度入
門すれば、勤勉なメイソンはアプレンティスから第3
位の「マスター・メイソン」まで昇格することが可
能です。

これらの人々は、メイソンの本当の真実が隠されて

いる、より高い秘密の候補者として注意深く監視されているのです。しかし、大多数のメイソンは、3度や4度以上に「昇格」することはない。最初の3つの学位は、確かにフリーメーソンの会員の大部分を占めている。いわゆる高位学位は「エクストラディグリー」とも呼ばれ、シークレットマスターから大監察官まであり、イギリスではロンドンのセント・ジェームズ・デューク通りにある独自の最高評議会によって管理されている（ここはイギリス女王が所有する数多くの「Grace and Favor」ハウスの一つである）。

これらの学位への入会は、最高評議会によって選ばれたマスター・メイソンに限られます。これらのマスター・メイソンは通常、シークレット・マスターによって早い段階で「発見」され、この目的のために様々なロッジの会合に「隠れて」出席しているのである。第3位からステップを踏んだメイソンのうち、18
の中間位、ペリカンと鷲の騎士、ソブリン・プリンス・ローズ・クロス・オブ・ヘレディティに到達できるのは、ごくわずかな人数である。この少数がさらに進むと、脱落者が増える。

31
ディグリー（大審問官コマンダー）の会員数は400人に制限されています。このレベルでは、フリーメーソンの真の姿が3分の2ほど露呈している。32 Degree of Sublime Prince of Royal Secretは180名、33 Degree of Grand Inspector Generalは75名に限定されています。もちろん、この

数字はイギリスだけのものである。フリーメイソンが33の学位に達すると、自分に命じられるあらゆる職務を遂行する準備が整います。

戦争や革命はゲームの一部に過ぎない。神との戦い」と「キリスト教との戦い」は、 33 degree Masonsが密かに会合を開くときに好んで叫ぶ言葉である。4 から 14 Degrees は、そのために開催される特別な儀式で、名目上、一度に授与されます。

18 Degree、19 と 29 は、30 Degree のイニシエーションサイト中に付与されます。これは、選ばれた候補者が「進歩」し続けることを強制するためです。30 DegreeはGrand Knight Elect KadoshまたはKnight of Black and White Eagleの称号です。

31 以降の3つの学位は、個別に授与されます。メゾンは、候補者がこれまで未知の規模に移行する準備ができていることを確認しなければならないのです

第22章

無害な石材

最高評議会の全会一致の同意がない限り、メイソンは18
degreeを超えることはできません。1度、2度、3度は「無害なメイソン」と呼ばれる。肉体的、精神的な過剰行為、政府に対する陰謀、キリストとキリスト教に対する憎悪は、25
度以下のメイソンには決して明らかにされないからである。メイソン3級や一般の人々が、この最も秘密めいた組織を、全人類の利益のために捧げられた単なる慈善団体と見なすのは、驚くにはあたらない。

フリーメイソンのメンバーのほとんどは、Ancient and   Accepted
Riteのいわゆる「高位」で何が行われているのか、わざわざ調べようとはしない。もしそうなったら、あるいはそうできるようになったら、特にキリスト教徒は恐怖のあまり反発して、フリーメーソンの会員であることをあきらめるかもしれない。フリーメーソンの真実を知って脱会した人たちが、それまで関わってきたものへの不安な反応を、フリーメーソンから追放された後にそれぞれの教会に書いた手紙の中に、2つの例がある。もちろん、報復を恐れて、彼らの身元を明かすことはできない。

長い間、私はキリスト教徒として、道徳と慈愛の教えに基づいているとされるメイソンの哲学や教訓を、キリスト教と調和させることができると考え、常に強く擁護してきたのです。しかし、私が最高度に達した後、私は自分がいかに盲目であったか、そして敵が盲目にする過程でいかに巧妙で合理的な武器を効果的に使うかを知りました。私がメイソンの真の悪と恐ろしさを知ったのは、高位の学位においてでした。

神様の霊が私の霊的な目を開いて、自分が何をしているのかがわかるようになったのです。私は悪に束縛されていたのに、それに気づかなかった。睡眠中や祈りの時間に「卑猥な性的イメージに深く心を乱されない」ことは、世界で最も困難なことだったのだ。彼の潜在意識には、私の家族や愛する人を殺したいという血の気が引くような感情が深く刻まれていたのです。

この男性は、精神障害や性的異常の既往は一切なく、安定した成熟したバランスのとれた人でした（専門医意見書）。身の危険を感じた彼はセラピーを受け、その中で性的なイメージや血、ナイフがフリーメイソンのシンボルと密接に結びついていることが明らかになり、家族を殺すように誘惑された血とナイフはフリーメイソンの誓約と結びついていることがわかりました。集中的な治療と、資格を持つ英国国教会の司祭による按手とイエスの名による励ましの後、フリーメイソンを離れたとたんに不穏なイメージは消え、これらのイメージや感情が再び現れることはなかった。

フリーメイソンの誓いは、「部外者」からは非常に

注意深く隠されている。近年、フリーメーソンは、誓いを破った場合の致命的な罰則を隠すことに、より一層の注意を払っている。度では、以下のルールが適用されます：義務。体罰は省略。つまり、いまは体罰に対する文書による制裁はないのです。18 Degree）からHigher Degreeに実行が委ねられています。しかし、次のように記述されている「体罰」に対する脅迫文の少なくとも一部を発見したのである。

> 私の兄弟、今夜のあなたの穏やかで率直な行動によって、あなたは象徴的に2つの大きな危険から逃れました、しかし3つ目がありました、それは伝統的にあなたの存在の最後の期間まであなたを待っていたでしょう。あなたが逃げた危険は、SとSの危険です。また、"N　　　　　"の周囲を　　　　　"N"が走っていて、退却しようとすると致命的なことになる。

この「with　　　　　a　　　　　running N」という言葉が、首吊りによる死を意味することは、ロベルト・カルヴィが遅すぎるくらいに知っている。文章は必ずこのように記述します。別の印刷物には、次のように書かれていた。

> このディグリーの義務にかつて含まれていた（今はうまく隠されているが）、もし彼が自分に託された秘密を不適切に漏らした場合、その象徴的なペナルティに、名誉の男として、FCFMはイブロ、thtt、gtt rbsのタまたはd btsまたはタップを持つことを好むであろうことを暗示しているのです。

(33　　　　　　　　　　　　　　　　　　　Degree
Mason以外は、これらのシンボルの意味を知らない)
。この手紙に書かれている罰は、想像に難くない。
私が遭遇した、メーソンの誓いを破ったときの最も
恐ろしい罰のひとつは、これだった。

> 私は、これらの点をすべて、いかなる撤回、曖昧さ
> 、精神的な保留もなく、また、これらの点のいずれ
> かに違反した場合には、あなたを二つに切り、あな
> たの内臓を灰にするという、厳しくない罰のもとに
> 、遵守することを厳粛に誓うものである。そして、
> この灰を地上に撒き、天の四方へ運び、人間、特に
> マスター・メイソンの中に、このような卑劣な存在
> の痕跡や記憶を見いだすことがないようにすること
> である。

由緒ある師匠を育て、据えるとき、誓いを破れば必
ず罰を受けることを戒めるのです。

> 右手を切り落とし、左肩に載せて枯れ朽ちるように
> 。

ロイヤルアーチ・オブ・メイソンの昇殿式では、入
門者はその義務に付随する罰則として「首を引きち
ぎられて命を落とすこと」を明確に警告される。現
在では、そのような直接的な記述は出てきません。
その代わり、罰は記号や文字と連動しています。こ
れは、1979年にグランドマスターが、現在のような
形で刑罰を表現するのはもはや「適切ではない」と
宣言してからのことである。ポイントは、「罰は変
わっていない！」ということです。変わったのは、
外部の人間から隠されるようになったことです

この問いに答えようと、賛否両論、何千冊もの本が書かれています。フリーメーソンの本格的な研究者として、30年にわたる広範な研究を経て、私の答えは、フリーメーソンは次の言葉で表現される。

❖　　　欧米のキリスト教民主主義国家のような自由で開かれた社会で、理由はわからないが活動を許されている閉鎖的な秘密結社であることは間違いないだろう。

❖　　　フリーメイソンは、古代のカルトと悪魔崇拝に基づいた宗教であることは明らかです。反キリスト教的であり、長い間キリスト教の信仰を根絶することに専念してきたが、この目的は大多数のメンバー、特に1〜3級のメンバーには注意深く隠されている。

❖　　　その性格も目的も革命的である。フランス革命の少なくとも計画段階からフリーメーソンが関わっていたことはよく知られている。

❖　　　フリーメーソンは、既存の秩序と、一つの宗教を除くすべての宗教の転覆を象徴している。

❖　　　フリーメイソンは、その誓いに絶対服従することを要求します。

❖　　　秘密保持の誓いを破ったり、メーソンの秘密を「裏切った」場合の罰則は厳しく、極端な場合は絞首刑になることもある。その他、誓いを破った者には、それほど厳しくない体罰が与えられることが多い。

❖　　　フリーメーソンは、その国の法律に従うと言いながら、望ましくないと思われる法律を変えるために黙々と働いている。

❖　　　フリーメイソンは、あらゆる国の政府の最高

権力者、そして民間企業やビジネス、商業の分野にも存在する。このように、フリーメーソンは、歴史の流れを変えることができる、巨大な力を持つ抑制のきかない力である。

❖　　　　フリーメイソンは、道徳的、倫理的、博愛的な社会であり、第三階級までしかありません。大多数のメイソンは第三学位以上になることがないため、フリーメイソンの真の性質、目的、目標を知らない。

❖　　　　フリーメーソンは、公式に選ばれた政府の中で、後者の不利益になるように活動する政府である。

❖　　　　フリーメーソンの慈善事業的な側面は仮面であり、信用性はなく、欺瞞に近い。フリーメーソンの真の目的のための仮面であり、隠れ蓑である。

❖　　　　フリーメーソンはキリスト教の大義に計り知れない害を及ぼし、フランスで勃発したフランス革命以来、戦争と革命で何百万人もの命を失った原因となっている。

❖　　　　最終的なテストは、キリスト教と互換性があるかどうか？

❖　　　　クリスチャンもメイソンになれるの？

どちらの質問に対しても、答えは「ノー」です。ワシントンDCには、公共施設や政府の建物として建てられたメーソン建築が多く、その平面図が五芒星の形をしているという主張を受けたことがあります。これらの主張の中には証明も反証も難しいものがあるが、メーソンの主張に合いそうな建物としてペンタゴンがある。五角形はオカルトのシンボルです。この建物は、悪魔崇拝を公言していたジョン・ホワ

イトサイド・パーソンズが設計したものです。建築家はジョージ・バーグストロムだが、彼がメーソンと関係があったのかどうかは不明である。

メイソンの真の秘密は人類に明らかにされることはないだろうから、メイソンのような複雑なテーマを考察する場合、著者が批判を免れることは非常に困難である。しかし、だからといって挑戦しないわけにはいきません。

もし、私の発言に間違いがあれば、盲目的な迷惑行為として書いたのではありませんから、お詫びしますし、私よりもっと有能なメイソンたちが指摘して、訂正してくれることを期待しています。

既に公開済み

アメリカとの麻薬戦争

ジョン コールマン

麻薬密売が根絶できないのは、その経営者が世界で最も儲かる市場を奪われることを許さないからだ……」。

この忌まわしい商売の真の推進者は、この世界の「エリート」たちである。

石油戦争

ジョン コールマン

石油産業の歴史的な記述は、「外交」の紆余曲折を経て、私たちに迫ってくる。

各国が欲しがる資源を独占するための戦い

ジョン コールマン

社会主義世界秩序の独裁者

この数年間、私たちがモスクワの共産主義の悪に注目している間、ワシントンの社会主義者たちはアメリカから盗むことで精一杯だった…」。

"ワシントンの敵はモスクワの敵より怖い"。

高度に組織化された集団は、常に市民に対して優位に立つことができる。

歴史的な出来事は、しばしば「隠された手」によって引き起こされる……。

タヴィストック人間関係研究所の秘密

www.ingramcontent.com/pod-product-compliance
Lightning Source LLC
Chambersburg PA
CBHW072238270326
41930CB00010B/2183